Brigitte Gross
Roland Streinz

verliebt,
verlobt,
verheiratet?

Glückliche Reise!

Shaker Media

Bibliografische Information der Deutschen Nationalbibliothek

Die Deutsche Nationalbibliothek verzeichnet diese Publikation in der Deutschen Nationalbibliografie; detaillierte bibliografische Daten sind im Internet über http://dnb.d-nb.de abrufbar.

ISBN 978-3-86858-346-5

Shaker Media GmbH • Postfach 101818 • 52018 Aachen
Telefon: 02407 / 95964 - 0 • Telefax: 02407 / 95964 - 9
Internet: www.shaker-media.de •

E-Mail: info@shaker-media.de

Die Autoren

Dr. Brigitte Gross ist Psychotherapeutin, Lehrbeauftragte und Trainerin. Ihre Spezialseminare für Paare und Familienaufstellungen werden seit über 25 Jahren von Teilnehmern vieler Länder besucht. Sie ist verheiratet, hat einen Sohn und eine Enkeltochter.

Bisherige Buch-Veröffentlichungen:

- Ach wie gut, dass ich es weiß (Auer Verlag)

- Bausteine der Veränderung (Edition Innsalz)

Roland Streinz ist freier Journalist, Autor und Moderatorencoach. Er arbeitet in Österreich und Deutschland. Er ist verheiratet und Vater von zwei Kindern.

Homepage zum Buch: www.glueckliche-reise.at

Vorwort, Dr. Brigitte Gross

Mit diesem Buch komme ich dem Anliegen meiner Seminarteilnehmer nach, die sich die Veröffentlichung meiner Workshop-Inhalte in kompakter Form schon lange wünschen. Ich stimme dem Satz aus Tolstois »Anna Karenina« aus privater und beruflicher Erfahrung absolut zu, der sagt: »Alle Familien ähneln einander; jede unglückliche aber ist auf ihre eigene Art unglücklich.« Trotz der beträchtlichen Scheidungsrate ist die Sehnsucht nach einer glücklichen Beziehung, Ehe, Familie nach wie vor in Frauen und Männern vorhanden, doch der Glaube an ihre Umsetzbarkeit ist geschwächt. In der heutigen Zeit, in der soziale Normen ihre vorherrschende Rolle verloren haben, in der es für viele Paare kein gemeinsames »Schicksal« mehr zu meistern gibt und das Zusammenleben scheinbar hauptsächlich auf »Gefühl« beruht, sind viele Paare überfordert. Denn Bindungen, die sich nur auf die momentanen Gefühle beziehen und unter größtmöglicher Freiheit stattfinden, sind leicht den Lust- und Zerstörungslaunen des Unbewussten ausgesetzt. Wie »glückliche Paare« dem Unglücklichsein entgegenwirken, worauf sie sich beziehen und worauf sie ausgerichtet sind, um ihr Zusammenleben als gut, freud- und sinnvoll erleben zu können, das wird in diesem Buch beschrieben. Es dient hoffentlich Ihnen als Leser und jenen, denen Sie darüber erzählen.

Vorwort, Roland Streinz

Im Zuge einer Arbeit zum Thema Partnerschaft und Ehe, welche naturgemäß ein großes Maß an Recherche erforderte, vereinbarte ich einen Interviewtermin bei der mir bekannten und sehr geschätzen Psychotherapeutin Dr. Brigitte Gross. Mein Ziel war es, die Glücksparameter von guten Paarbeziehungen zu finden. Da ich in der Sachliteratur nur bedingt fündig geworden bin, (die meisten Bücher beinhalten eher die Unterschiede zwischen Mann und Frau und die sich daraus ergebenden Konfliktpotentiale), war ich auf das Gespräch mit Dr. Brigitte Gross sehr gespannt. Ich habe mir zum damaligen Zeitpunkt nicht gedacht, dass aus diesem Interview ein vierstündiges Gespräch wird und schon gar nicht, dass die Inhalte daraus jemals in Buchform erscheinen werden. Dank der reichhaltigen praktischen Erfahrung von Dr. Brigitte Gross, dem gemeinsamen Interesse an dieser Thematik und dem Willen, das alles zusammen zu tragen, ist nach drei Jahren, unzähligen Gesprächen und viel Enthusiasmus dieses Buch entstanden. Wir beide hoffen, damit möglichst konkrete Richtlinien anzubieten, die zum Gelingen einer nachhaltig glücklichen Partnerschaft beitragen.

Inhaltsverzeichnis:

1. Bevor die Reise starten kann

1.1 Liebe ich?

Diese Frage kommt so sicher wie die ersten Zweifel an der Liebe, so sicher wie Verlockungen außerhalb der Beziehung und so sicher wie die Fragen: Soll ich mich bis ans Lebensende an nur eine Person binden? Liebe ich meinen Partner wirklich (noch oder genug)? Wie muss es sich anfühlen, damit »es« passt? Kann man Liebe lernen? Kann ich Gefühle beeinflussen? Wenn ja, wie?

Der Begriff Liebe ist zwar in allen Gesellschaften fest verankert, doch lässt er sich nicht mit einer einzigen Definition erläutern. Es fühlt sich anders an, wenn wir unsere Eltern lieben, anders wenn wir unsere Freunde lieben, anders wenn wir unser Haustier lieben, anders wenn wir die Natur lieben, anders wenn wir unsere Heimat lieben, anders wenn wir unsere Hobbies lieben, anders wenn wir eine bestimmte Speise lieben…

So benutzen wir das Wort »Liebe« auf sehr unterschiedliche Art und Weise: Wir lieben also Menschen, Tiere, Landschaften, Häuser, Autos, Speisen, Blumen, Sport, das Meer, die Sonne, ein Lied, und vieles mehr und wir lieben die Liebe selbst. Das ist eigentlich verwirrend.

Zweck dieses Buches kann es nicht sein, diese Unklarheiten zu bereinigen, sondern zu beschreiben, welche Art von Liebe wohltuend für unser seelisches Gleichgewicht ist.

Das Verlangen zu lieben und geliebt zu werden gehört zum innersten Wesen unseres Menschseins. Fasst man das in der Essenz zusammen, was uns seit jeher nahe gebracht wird, dann ist die Liebe ein wohlwollendes Herzensgefühl gepaart mit Wille und Verstand. Die Liebe, die halten soll und wachsen, ist untrennbar mit einer Geisteshaltung verbunden. Davon handelt dieses Buch.

Die erste Frage: »Wie weiß ich, dass ich liebe?«, wird von liebenden Paaren sinngemäß wie folgt beantwortet:

Ich weiß, dass ich ihn/sie liebe, weil:

- Wenn ich meinen Partner anschaue oder nur an ihn denke, ist mir warm ums Herz.

- Ich die Liebe zu meinem Partner als warmes, angenehmes, beständiges Gefühl spüre, das begleitet ist von Wohlwollen, Respekt, Achtung, Interesse und Freude.

- Ich mich für meinen Partner gerne entschieden habe.

- Ich mich daran erfreue, mein Bestes dazu beizutragen, unser Gefühl füreinander zu erhalten und aktiv weiter zu entwickeln.

- Ich bereit bin, mich mit meinem Partner auseinanderzusetzen. Ich empfinde ein warmes Gefühl der Zusammengehörigkeit.

- Ich weiß, dass mein Partner Stärken und Schwächen hat und ich liebe ihn mit beiden. Und er mich genauso. Das ist stark.

- Ich sogar in den Momenten, in denen ich mich über ihn ärgere oder böse bin, in mir dieses Grundgefühl der Liebe spüren kann. Es ist wie ein Anker in meiner Seele, der hält, auch wenn es mal stürmt. Der Anker hält, weil ich mich dafür entschieden habe.

- Ich spüre, dass mir das Wohlergehen meines Partners genauso wichtig ist, wie mein eigenes.

- Ich mir so gut vorstellen kann, wie wir zusammen alt werden.

- Ich ihm vertrauen kann und er mir.

- Ich kann ich sein, ich wachse aber auch durch unsere Gemeinsamkeiten.

- Ich fühle, dass mein Herz und mein Körper dort sind, wo es sich nach »Zuhausesein« anfühlt.

- Wir lieben, lachen, streiten, versöhnen und gut miteinander teilen können.

- Wir die gleichen Ideale haben, danach leben und Freude dabei haben.

1.2 Verliebt – Schmetterlinge im Bauch

Lieben und Verliebtsein sind unterschiedliche innere Vorgänge. Verliebtsein bedeutet noch lange nicht, dass man auch liebt. Verliebtheit ist mehr ein Zustand der uns passiert, während Liebe durch unser »Zutun« mit der Zeit entsteht und immer mehr wachsen kann.

Von der Verliebtheit werden wir erfasst. Dies geschieht in der Begegnung mit einem Menschen, den wir anders als andere Menschen in unserem Leben wahrnehmen. Wir sehen und erleben diese Person nur positiv und wunderbar. Wir fühlen uns beinahe wie vom Blitz getroffen. Es passiert für uns Unerklärliches, wir spüren es körperlich. Verliebt sein ist ein euphorisches Erlebnis. Der Puls steigt, das Herz schlägt spürbar, die Körpertemperatur verändert sich. Es sind elementare Naturgewalten, die zu wirken beginnen und kaum kontrolliert werden können. Die Gedanken beginnen (nicht immer ganz freiwillig) um das Liebesobjekt zu kreisen. Wir fühlen und verhalten uns anders, als unter »normalen« Umständen. Nun - wie kommt das?

Im Zustand der Verliebtheit erfahren wir ein intensives »Strohfeuer« der Gefühle. Diese Euphorie erzeugt die Vorstellung, wir hätten die wunderbarste Übereinstimmung und eine vertraute Beziehung zum anderen. Meist kennen wir unser Liebesobjekt, das diese Illusionen auslöst, erst kurz. Es ist also nicht der tatsächliche Mensch, dem unsere Begeisterung gilt, denn wir kennen dessen Persönlichkeit kaum, wissen nichts um seine Werte im Leben, seine Vorlieben und Abneigungen, Verhaltensweisen... Unsere Gefühle entflammen in erster Linie für ein Ideal-Wunschbild, das von uns selbst geschaffen ist. Durch die Verliebtheit scheinen wir mit einem »Zauberstab« berührt worden zu sein. Aus unserer Seele tauchen Vorstellungen auf, die größtes Glück verheißen und die wir weiter ausschmücken. Wir sind berauscht von den schönen Emotionen für die Person, die uns eigentlich noch unbekannt ist und wir glauben dennoch, sie richtig wahrzunehmen.

Nicht umsonst nennt man diesen Vorgang VER-LIEBEN und den Zustand VER-LIEBT sein. Dies ist bereits ein sprachlicher Hinweis, dass man sich auf einen »Irrtum« einlässt. Doch man schwebt in Glückseligkeit, ist voller Energie und übergießt den anderen mit positiv-schönen Zuschreibungen.

Man hegt die Vorstellung, der andere sei perfekt, sollte er Fehler haben, sind diese liebenswert. Der andere ist im wahrsten Sinne »traumhaft«. In diesem Zustand lösen sich verstandesmäßige Kriterien auf. Die Fantasie übernimmt die Regie, um das Glück zu halten.

Doch passiert in der Folge häufig das fast Unvermeidliche: Der geliebte Mensch, für den wir so empfinden, weicht immer mehr von dem Bild ab, das wir in der Verliebtheit konstruiert haben. Das »wunderbare Wesen« kann naturgemäß nicht so sein, wie wir es uns vorstellen. Dennoch erzeugt jede Abweichung vom Verliebtheitsbild für viele

Menschen kleine Enttäuschungen, die mehr und mehr zu einer großen werden.

Für manche ist das Ver- und Entlieben ein langer und dramatischer Prozess, der nicht oft passiert. Bei anderen wiederum geschieht dieses Phänomen häufig und der Umgang damit nimmt fast sportliche Formen an.

1.3 Erste Liebe Mama

Warum verlieben wir uns in gewisse Menschen und in andere nicht? Und warum sind sich die, in die wir uns verlieben, meist auf irgendeine Art und Weise ähnlich? Der Grund dafür ist genauso einfach wie scheinbar unromantisch. Therapeuten und Verhaltensforscher sind sich in diesem Punkt ziemlich einig: Das »Objekt der Verliebtheit« erinnert den/die Verliebte(n) an die erste und innigste Liebe im Leben: Die Liebe zur eigenen Mutter. In ihr haben wir uns mit ihr als Einheit erlebt, wurden von ihrem Organismus ernährt und waren darin selig geborgen und aufgehoben. Nach der Geburt erlebt sich das Kind noch eine Weile als eins mit der Mutter. Diese Einheitserfahrung ist ein Grundgefühl und identisch mit Glück. Ein wohliger Urzustand, den wir uns in der Liebe immer wieder ersehnen.

Das geschieht natürlich im Unbewussten, denn wer würde schon von sich aus gerne zugeben, sich in eine Person, die der eigenen Mutter ähnelt, verliebt zu haben?

Es sind ganz spezifische - oft minimalistische - Auslöser, die an die ganz früh erlebte Innigkeit mit der eigenen Mutter gefühlsmäßig erinnern, wie der Geruch, die Stimme, eine Geste, eine Art und Weise zu schauen, sich zu bewegen, zu lächeln, zu streicheln…

In der Verliebtheit werden in uns also ganz frühe Erfahrungen der innigsten Geborgenheit und des

»Eins-Sein-Gefühls« berührt. Diese verheißen (unbewusst) den Zustand intensivster Glückseligkeit. Gleichzeitig wird die Sehnsucht genährt, endlich den Menschen gefunden zu haben, der alles heilt, was Mutter und Vater nicht geschafft haben. Die Sehnsucht verführt uns dazu, die Person, die diese Gefühle in uns auslöst, so zu sehen und zu erleben, dass wir glauben, allein sie ist es, die uns nun alle Liebes- und Glücksbedürfnisse erfüllen kann. Anders ausgedrückt: Von Verliebtheit werden wir erfasst, wenn das Kind in uns im Partner die ideale »Mutter« vermutet. Dieses Phänomen trifft auf Frauen und Männer gleichermaßen zu.

1.4 Die Entscheidung zur Liebe

Die gute Nachricht: »Echte Liebe« entwickelt sich und braucht Zeit. Verliebtheit ist definitiv nicht Voraussetzung dafür, auch wenn viele Menschen davon ausgehen. »Echte Liebe« wächst und gedeiht im Wahrnehmen und Erkennen eines Menschen, wie er wirklich ist.

Wir verlieben uns dabei eben nicht in eine Illusion oder in eine Idealvorstellung. Man könnte es »Liebe auf den zweiten Blick« nennen, bei der kein Wunschbild erstellt wird, an dem der andere gemessen und daran vielleicht scheitern wird. WAHR-NEHMEN lautet die »Zauberaktivität«. Wir lernen den anderen Schritt für Schritt kennen und lieben. Einen Menschen nachhaltig zu lieben, passiert nicht von selbst und nicht von heute auf morgen. Der Volksmund spricht von: »die Liebe wächst« und nicht »Liebe explodiert«.

Um das Wachsen der Liebe zu ermöglichen, heißt es auch oft »Ideale« verabschieden zu können, die in unseren Köpfen herumgeistern, doch nicht einforderbar sind. Nicht selten sind sie uns eingeredet worden oder entsprechen eben frühen unerfüllten Kindheitssehnsüchten. Lieben beinhaltet die Anerkennung meiner wahren Bedürfnisse und die des geliebten Menschen und das Kreieren eines Mittelweges, der beide zufrieden macht. Lieben heißt nicht, sich anzustrengen in der Bemühung, den anderen so hinzukriegen, so zu sein, wie ich will (als Zeichen seiner Liebe zu mir). Lieben bedeutet unter anderem zu verstehen, dass die Veränderung beider durch das »Basteln« eines gemeinsamen Weges der gelebte Liebesausdruck ist.

In dieser gewachsenen Liebe kommen auch immer wieder Phasen zärtlichen Verliebtseins, doch mit einer tieferen, vertrauenderen, nachhaltigeren Qualität als beim »Strohfeuer der Verliebtheit«.

1.5 Der Fahrplan vom Verliebt sein zum Lieben

Auch wenn eine Paarbeziehung mit himmlischen Verliebtheits-Gefühlen beginnt, ohne unser Zutun wandelt sich dieses Gefühl nicht von selbst in Liebe. Verliebtheit kann eine Einleitung sein. Liebe ist eine Entscheidung. Sie ist eine Geisteshaltung, die in etwa so beschrieben werden kann:
Ich liebe dich, ich sage ja zu dir, so wie du bist. Ich entscheide mich, mein Bestes zu geben, damit diese Liebe bleibt und sich weiterentwickelt. Ich entscheide mich für eine gemeinsame, gute Gegenwart und Zukunft.
Die beste Vorraussetzung, diesen Übergang von der Verliebtheit zum Lieben gut zu schaffen ist, sich dessen klar zu sein, dass die erste Verliebtheit nicht ewig dauern kann. Es gilt zu begreifen, dass das, was so schön war, nicht vorbei ist, wenn das Bauchkribbeln aufhört, sondern es als Startzeichen für eine neue Phase anzuerkennen. Man stimmt dem zu, dass der Zeitpunkt kommt, an dem man feststellt: Der andere ist in vielem anders, als in dem schön gezeichneten Bild der ersten Verliebtheit. Der Traum »ich habe das gefunden, was ich mir als Kind schon ersehnte«, ist zu verabschieden. Ist diese Bereitschaft da, den anderen so zu lieben wie er ist und nicht nur so, wie man ihn sich wünscht, ist die Brücke vom Verliebtsein zum Lie-

ben gut gebaut. Eine spannende Geschichte kann
beginnen.

1.6 Die Zauberformel: So erkenne ich den Partner fürs Leben

Gäbe es diese Zauberformel wirklich, dann wären alle Paare glücklich, die Trennungsrate um vieles geringer und das Leben um vieles unspannender. Diese Zauberformel gibt es nicht.

Doch sind drei wesentliche Vorraussetzungen erfüllt, dann erhöhen sich die Chancen, den Partner fürs Leben zu erkennen, beträchtlich.

Voraussetzung Nummer eins: Die Fähigkeit, lieben zu können. Dies ist wiederum nur möglich, wenn man sich selbst liebt und sich annimmt wie man (geworden) ist. Das heißt, mit sich, der eigenen Geschichte und seiner Familie (Herkunft) im Reinen zu sein und der sich daraus ergebenden Begrenzung bewusst zu sein (siehe auch Kap. 2.4).

Voraussetzung Nummer zwei: Die Illusion aufzugeben, einen Partner zu finden, der uns immer glücklich macht bzw. perfekt zu einem passt. Dieser Wunsch ist unerfüllbar. Viel wichtiger ist, dass der Partner mit unserer Art und Weise Liebe, Zuneigung, Wertschätzung zu geben und anzunehmen, Freude hat und umgekehrt.

Voraussetzung Nummer drei: Die eigene Bewusstheit darüber, welche Werte, Visionen, Vorstellungen und Ziele ich bezüglich meiner Gegenwart und

Zukunft habe. Zu wissen, was ist mir wichtig, für mich selbst und meine Lebensgestaltung. Was ist mir wichtig in Bezug auf Partnerschaft und eine gemeinsame Lebensgestaltung. Entscheidende Bereiche dabei sind:

- Treue
- Kinderwunsch
- Familiensinn
- Sexualität
- Arbeit
- Freizeit
- Hobbies
- Einstellung zu Geld und Materiellem
- Ordnung
- Freundeskreis usw.

Es geht darum, sich selbst darüber im Klaren sein, welche konkreten Vorstellungen bezogen auf oben stehende Themen da sind, um dann herauszufinden, ob diese mit denen des (möglichen) Partners weitgehend übereinstimmen.

Die Vorstellungen bzw. Einstellungen zu diesen Themen sind so genau wie möglich zu besprechen, wobei davon ausgegangen werden kann, dass deren Klärung einige Zeit beansprucht. Dies passiert vermeintlich »wie von selbst« durch Gespräche beim kennen lernen und in der ersten gemeinsamen Zeit einer Beziehung. Doch ein intensiver Einsatz für diesen Austausch zahlt sich aus. Das Paar lernt sich erstens dadurch gut kennen und erlebt zweitens, ob sich in Anbetracht der Ergebnisse ein Zusammenleben so gestalten kann, dass es der eigenen Vorstellung vom »guten Leben« entspricht.

Sich bewusst zu machen, dass einander gefallen und sich lieben noch nicht zwangsläufig heißt, dass man gut miteinander leben kann, ist nicht nur legitim, sondern sehr sinnvoll. Liebe ist eine schöne Voraussetzung, doch noch lange kein Garant für das gute Gelingen des Zusammenlebens. Unsere Werte und Vorstellungen vom »guten Leben« bringen wir aus Kindheitsprägungen und späteren wichtigen Erfahrungen mit. Die Annahme, dass diese Werte und Vorstellungen sich sehr ähnlich sind, wenn oder weil wir uns lieben, gehört zu den folgenreichsten Irrtümern.

Ein Paar, das sich liebt und dessen Vorstellungen bezüglich der wichtigen Themen in eine ähnliche Richtung weisen, tut sich in der Alltags- und Lebensgestaltung wahrscheinlich leichter. Sind die Vorstellungen zu diesen Themen sehr verschieden, wird eine große Bereitschaft erforderlich sein, mit Kompromissen gut leben zu können, bzw. das »andere« als gute Ergänzung zu sehen und anzunehmen. Dies ist allerdings eine Herausforderung, die viel Reife, Toleranz und auch Humor braucht.

Nicht alle Menschen der Welt haben das Privileg, sich mit diesen wichtigen Lebensthemen bei der Partnerwahl auseinandersetzen zu können. Also wäre es schade, diesen großen Vorteil nicht zu nützen.

Zwei Themenbereiche lassen allerdings erfahrungsgemäß keine Kompromisse zu:

- unterschiedlich gearteter Kinderwunsch

- verschiedene Auffassungen, die Treue be-
  treffend

1.7 Ich will ein Kind – du nicht

Meistens denken Frauen früher konkret über die Kinderfrage nach als Männer, oft schon lange bevor sie in fixen Partnerschaften sind.

Plant ein Paar eine gemeinsame Zukunft, dann ist die Kinderfrage eine, die geklärt sein sollte. Will ein Partner ein Kind und der andere nicht, ist damit ein derart essentielles »Bedürfnis-Ungleichgewicht« geschaffen, das die Beziehung mit großer Wahrscheinlichkeit zum Scheitern bringen wird. Ist bezüglich »Kind« der Wunsch so konträr, dann lässt sich dies auf Dauer nicht verdrängen und beinhaltet ein andauerndes Konfliktpotential. Wenn also einer der beiden Partner gerne ein Kinder haben will und der andere nicht, ist ein Kompromiss nicht möglich. Auch ein gemeinsames »Ersatzkind« in Form eines Haustieres wird wahrscheinlich keine dauerhafte Lösung sein.

Bleibt ein Paar mit diesbezüglich unterschiedlichen Bedürfnissen dennoch zusammen, dann wird der Schmerz um den unerfüllten Kinderwunsch sich höchstwahrscheinlich immer wieder zwischen das Paar stellen. Das heißt, der Partner, der verzichten musste, hegt entweder direkt durch Äußerungen oder Taten oder latent Vorwürfe gegen den anderen, die sich bei unterschiedlichsten Gelegenheiten zeigen und destruktiv auf die Beziehung wirken.

1.8 Treu oder treulos

Ist für einen Partner Treue ein hoher Wert und für den anderen nicht, kann es nicht gut gehen, schließlich kann man nicht »halbtreu« sein, oder sich mit »Halbtreue« zufrieden geben. Das Bedürfnis nach Treue ist bei sich liebenden Paaren ganz natürlich vorhanden. Man teilt das Intimste, das es zwischen zwei Menschen geben kann, ausschließlich mit dem Partner und durch diese Ausschließlichkeit wird es zu etwas besonderem und wertvollem für das Paar. Lang anhaltende Liebe ohne Treue ist kaum möglich. Treue ist jedoch nicht als moralisches Dogma zu verstehen, sondern als die bewusste Entscheidung zum Partner. Wenn ich treu bin, stehe ich zu unserer Beziehung, stärke sie und vermeide, was unsere gegenseitige Liebe und Bindung gefährdet.

Es gibt Menschen die behaupten, Liebe von Sex trennen zu können. Ob sie es wirklich schaffen, liegt weder eindeutig noch ausschließlich in deren Einfluss, selbst wenn sie dieser Meinung sind. Ist die Trennung von Liebe und Sexualität ein Bedürfnis, weist dies wahrscheinlich auf eine »Beziehungsstörung« hin, deren Ursache meist in unverarbeiteten Kindheitserfahrungen liegt. Diese Menschen befürchten, dass durch das Bündnis von Liebe und Sexualität ein zu starkes Gefühl entstehen könnte, das sie nicht mehr unter Kontrolle haben, dem sie machtlos ausgeliefert sind. Vor dieser vermeintlichen Ohnmacht schrecken sie zurück und machen die Spaltung von Liebe und Sex zu ihrem Credo.

Ihre Sorge, von zu starken Gefühlen übermannt zu werden oder abhängig zu werden, scheint damit gebannt. Dass es dieser Form von Liebe und Sexualität an Tiefe und Fülle fehlt, wird ihnen vielleicht zu spät schmerzhaft bewusst.

Eines steht fest: Untreue ist für den Liebespartner eine große Verletzung.

Jegliche sexuelle Begegnung neben der Beziehung gefährdet die Partnerschaft. Sollte das nicht mehr der Fall sein, ist einem diese wahrscheinlich schon gleichgültig, oder es fehlt enorm an Einfühlungsvermögen. Angekündigtes »ich kann nicht treu sein«, ist die Verweigerung der Bindung.

Um es zu wiederholen: In der ausschließlich mit dem Partner gelebten Erotik und Sexualität liegt eine Exklusivität, die Zauberkraft hat: Wir teilen das Intimste, das es zwischen Menschen geben kann. Durch diese Exklusivität wird sie auch zu etwas Besonderem und Wertvollem, das innig verbindet.

1.9 Sex - wann und wie?

Die meisten Menschen, vorausgesetzt sie streben eine länger andauernde Beziehung an, fühlen sich im Nachhinein eher verunsichert, wenn es gleich beim Kennenlernen zu einer sexuellen Begegnung kam.

Starke sexuelle Anziehung führt leicht zur »erotischen Verblendung«. Einerseits schränkt diese das wirkliche Wahrnehmen der anderen Person ziemlich ein, es kommt zur Wunschbildidealisierung und ihren enttäuschenden Folgen (siehe auch Kap. 1.2). Andererseits wird das Paar nach vorschnellem sexuellen Kontakt im Umgang miteinander oft viel vorsichtiger, mitunter auch unehrlicher, als wenn es sich mehr Zeit zum Kennenlernen gegeben hätte. Diese Vorsicht entsteht dadurch, dass in der Folge meist in beiden die Frage auftaucht, ob der andere immer so schnell zur körperlichen Liebe bereit ist. Automatisch setzen dann psychische Schutzmechanismen ein, da mit der Liebe und ihrem intimen Ausdruck für viele Menschen ohnehin vielerlei Ängste verbunden sind. Durch den sehr frühen sexuellen Kontakt fährt man mit dem Expresszug in die intimste Beziehung und ist damit umgehend mit diesen Ängsten konfrontiert. Der Mangel an vertraut sein verhindert das darüber Sprechen können und einander natürlich und wirklich kennen zu lernen. Die Versuchung, ein Spiel zu inszenieren, ist größer als bei einer langsameren, bewussten Annäherung.

Sexualität ist das Intimste, das wir mit einem Menschen teilen können. So ist es durchaus sinnvoll, sich Zeit zu geben und sich dann an körperlichen Wonnen zu erfreuen, wenn beide einander besser kennen und erfahren haben, dass sie grundsätzlich zueinander passen. Dies ermöglicht ein freieres miteinander Umgehen, ein natürliches kennen lernen, dem Schaffen einer Vertrauensbasis wird Raum gegeben. Eine erfreuliche Spannung entsteht.

1.10 Andere Länder, andere Sitten

Die Tradition mancher Kulturen beinhaltet, dass Ehepartner von den Eltern einander versprochen werden. Ihr eheliches Miteinander ist demnach von anderen bestimmt. Dort zeigen sich interessanterweise geringere Scheidungsraten als in den Kulturen, in denen die Partner frei gewählt werden. Das mag natürlich auch damit zusammen hängen, dass Scheidungen dort gesellschaftlich weit weniger akzeptiert sind als in unseren Breiten. Betrachtet man diese Beziehungen allerdings ein wenig genauer, ist Bemerkenswertes festzustellen: Einander versprochene Menschen bringen oft aufgrund der Tatsache, sich mit dem anderen arrangieren zu »müssen«, ein enorm hohes Maß an Bereitschaft mit, den anderen wirklich als Person kennen und lieben lernen zu wollen. Es besteht kein Anspruch an die sofortige, große Liebe. Die diesbezügliche Erwartungshaltung an sich selbst und den anderen ist somit um vieles kleiner, das Wissen, selbst etwas zur Liebe beitragen zu müssen, viel selbstverständlicher.

Damit soll nicht über die Sinnhaftigkeit von »Zwangsehen« geurteilt werden, doch die Aufmerksamkeit darauf gelenkt sein, was oft in unserer »Konsumgesellschaft« erwartet wird: Das Glück möge uns in den Schoß fallen. Die Bereitschaft, in eine Beziehung zu investieren, ist demnach oft gering, die Enttäuschung über das »sich nicht von selbst ergebende Glück« groß.

2. Die Grundausrüstung

2.1 Gleichwertig und Verschieden

Eine Grundvoraussetzung zum guten Gelingen der Paarbeziehung ist, dass beide ihre Ebenbürtigkeit, das heißt Gleichwertigkeit als Mann und Frau, anerkennen und zugleich auch ihre Unterschiedlichkeit. Männer und Frauen sind gleich gut und verschieden. Sind sich beide der eigenen Gleichwertigkeit bewusst, dann erleben sie den anderen als gleichwertig und bestätigen ihn auch gerne darin. Dies zeigt sich durch das Anerkennen der eigenen Bedürfnisse, Werte, Gefühle usw. sowie denen des Partners und der Bereitschaft, an einem für beide zufrieden stellenden Erfüllungsweg zu »arbeiten«. Dies beinhaltet bereits die Zustimmung zur Verschiedenheit von Mann und Frau. Nur diese Unterschiedlichkeit erzeugt die gute Spannung, aus der Neues entsteht. Gäbe es sie nicht, würde die Beziehung an Spannung und Kraft verlieren. In ihrer Verschiedenheit ergänzen sich Mann und Frau von gleicher Wertigkeit und sind sich ebenbürtig in dem, was sie jeweils dem anderen geben können. Nochmals anders ausgedrückt: In dem, was Mann und Frau voneinander brauchen, sind sie gleichwertig und sie können sich das geben, weil sie verschieden sind. Erkennen das beide an und bestätigen sich das auch durch den fließenden, täglichen Austausch von einander geben und von einander nehmen mit Liebe, dann ist dem Wachsen der Liebe der Weg gut bereitet.

2.2 Glücksschmied sein

Menschen, die sich für ihr Glück, ihr Wohlgefühl, ihre Zufriedenheit selbst verantwortlich fühlen, sind bereit, aktiv etwas dafür zu tun. Ihr Lebensgrundgefühl ist schon deshalb gut, weil sie davon ausgehen, dass sie das Erleben von Glück und Zufriedenheit wesentlich beeinflussen können. Ihre Überzeugung ist, dass es beim Glück um eine Sache der Bewertung und Einstellung geht, die sie selbst bestimmen.

Glückliche Menschen definieren »Glück« nicht als ihr Ziel, sondern mehr als eine Art und Weise, das Leben zu betrachten. In ihnen ist die Bereitschaft zum Glücklichsein, und diese wirkt sich »glücksanziehend« aus. Sie glauben daran, dass Glück nicht aus der Größe oder Intensität eines Ereignisses besteht, sondern aus der Häufigkeit glücklicher Momente. Sie warten nicht auf »traumhafte Erfahrungen«, sondern finden und gestalten selbst Anlässe, um sich gut zu fühlen, sich zu freuen und froh zu sein.

Die wichtigste Fähigkeit, die diese Menschen haben, ist gegenwartzentriert zu leben, also mit ihrer Aufmerksamkeit im jeweiligen »Jetzt« zu sein. Ihr Credo ist Achtsamkeit im Alltag. Das bestimmt natürlich auch ihren Umgang mit dem Partner, die gemeinsame Zeit miteinander und ihr erotisch-sexuelles Leben. In der Gegenwart zu sein, diese mit den Sinnen zu (er)leben macht ihr Leben sinnlich und sinn-voll und das erfahren sie als Glück und Zufriedenheit.

Viele Menschen suchen das Glück und das leider oft vergeblich. Diejenigen, die sich als glücklich bezeichnen, sind sich selbst mit einer einfachen Frage auf die Schliche gekommen: »Wann war ich glücklich?« Sie erkennen, dass das, was diesen Zustand erzeugt hat, »Dinge« sind, die sich leicht und täglich erfüllen lassen, wie zum Beispiel: Das einander streicheln, küssen, miteinander lachen, zusammen ein Glas Wein trinken, sich in die Augen schauen, das Essen gemeinsam genießen, zusammen beim Hausputz zu scherzen, zugesprochener Mut, ein Kompliment…

Sie bedienen sich der einfachen und effektiven Methode, die guten Erfahrungen in ihrem Leben öfter geschehen zu lassen, indem sie klären:

- Wann, wodurch und womit bin ich glücklich?

- Was habe ich selbst dazu beigetragen, dass ich mich in der jeweiligen Situation glücklich bzw. gut gefühlt habe?

Dies zeigt, wie sinnvoll es ist, sich bewusst zu machen »was-wir-wie-tun« wenn wir uns gut (glücklich) fühlen. Die eigenen Wohlfühl- und Glücklichsein-Strategien werden deutlich und ergeben die »Gebrauchsanleitung«, die jederzeit wiederholbar ist.

Bezogen auf das Paarleben lautet die Frage: »Was tun wir beide, wenn wir zusammen glücklich sind, bzw. uns wohl fühlen?« Die Beantwortung soll zuerst von jedem in unten genannter Reihenfolge vorgenommen werden. Erst danach erfolgt der Austausch. Dies führt oft zu sehr beziehungsfördernden »Aha-Erlebnissen«.

Aufzulisten sind:

Glücksmomente

Ich bin glücklich, wenn (z. Bsp.):

- du mir in die Augen siehst
- du mich anlächelst
- du mich fest in die Arme nimmst
- du mir sagst, dass dir meine Sommersprossen gefallen
- du an unserem Hochzeitstag einen Tisch in meinem Lieblingsrestaurant bestellt hast
- du mir einen kleinen Liebesbrief schreibst
- du mir eine schwere Tasche tragen hilfst
- du mir sagst, dass ich dein Schatz bin
- du mir einen Fehler nicht nachträgst
- usw.

- ich mich bei alldem oben genannten von dir geliebt und geschätzt fühle
- ich dich küsse
- ich dir eine Gefälligkeit tun kann
- ich dich mit meinem Lachen anstecken kann

- ich deine Hand in meiner halte
- ich spüre, dass du dich wohl fühlst, wenn ich deine Füße massiere
- ich dir deine Lieblingsspeise zubereite
- ich dir eine SMS schicke
- ich dir beim Duschen den Rücken schrubbe
- usw.

Glücksstunden

Ich bin glücklich, wenn (z. Bsp.):

- wir zusammen spazieren
- wir uns unterhalten
- wir vorm Fernseher kuscheln
- wir zusammen joggen
- wir Ausflüge machen
- wir ins Kino gehen
- wir ein Wochenende nur für uns haben
- wir gemeinsam kochen
- wir den Essenseinkauf gemeinsam erledigen
- wir im Bett frühstücken
- wir Schach spielen
- wir Musik hören
- wir im Garten arbeiten
- usw.

Sich der Kraft dieser Momente und Stunden bewusst zu sein und sie so oft wie möglich im Alltag zu leben, ist ein Hauptrezept glücklicher Beziehungen.

Die Beantwortung folgender Frage kann auch wichtige Aufschlüsse geben:

»Wie mache ich es, wenn ich nicht zufrieden (glücklich) bin?«

Damit werden die »Unzufrieden-Sein-Strategien« deutlich. Es ist durchaus gut und vielleicht sogar spannend, diese zu entdecken, um zu verstehen, wie wir selbst den unerwünschten Zustand mit herbeiführen.

Mehr Freude bereitend und beziehungs-fördernd ist das Ergebnis aus: »Wie mache ich es, wenn ich zufrieden (glücklich) bin?«

Nicht zu vergessen: Für uns Menschen ist Hautkontakt ein Lebenselixier. Ohne Hautkontakt kein Glücklichsein. Dies beginnt bei unserer Geburt und bleibt ein Leben lang so. Berührungen sind so wichtig wie Vitamine.

2.3 Dankbarkeit beflügelt

Mit Dankbarkeit ist nicht ein oberflächliches »Danke«-Sagen gemeint, sondern eine tiefe Bewusstseins- und Herzenshaltung, in der man wahrnimmt und spürt, was man bekommen hat. Dankbarkeit heißt in erster Linie das eigene Leben als Geschenk zu erleben und zu würdigen. Ein Ausdruck gelebter Dankbarkeit ist, das was man bekommen hat, auch wirklich dankend zu nehmen. Durch diesen bewussten Akt hat man es auch zur Verfügung.

Dankbarkeit ist eine innere Haltung, die glückliche Menschen teilen, sie bringen dies täglich zum Ausdruck in der Freude über die »kleinen« Dinge des Alltags. Die Gabe, Dankbarkeit zu verspüren und diese zu leben, ist manchen Menschen geschenkt, doch sie ist auch erlernbar. Menschen, die dankbar sind, vermögen in dieser Haltung besser das wert zu schätzen, was sie bereits haben und sind weniger geneigt, durch immer neue Wünsche unzufrieden zu sein oder kaum Erreichbares anzustreben. Dankbarkeit besitzt die Kraft, dass sie vermehrt, wofür man dankt. Sie wirkt heilend auf unsere Gefühlswelt und öffnet uns Türen zu den Schönheiten des Lebens. Sie bringt Sorgen und Zweifel zum Schweigen. Sie macht uns friedlich, ruhig und beflügelt uns zugleich.

2.4 Liebe dich selbst und deinen nächsten

Die christliche Forderung »Liebe deinen nächsten wie dich selbst« ist ein guter Wegweiser für den Menschen, der sich selbst liebt. Doch gibt es leider nur wenige Menschen, die von Herzen ohne Vertuschung gegenteiliger Gefühle von sich sagen können, dass sie sich selbst lieben. Einerseits ist Selbstliebe sowie das Bedürfnis, andere zu lieben, naturgegeben, doch oft wird diese natürliche, selbstverständliche Liebe schon früh durch Verletzungen beeinträchtigt. Die Art und Weise, wie mütterliche und väterliche Liebe erlebt wurde und wie sonstige soziale Bedingungen einwirkten, entscheiden nachhaltig, wie und in welchem Ausmaß sich wirkliche Selbstliebe entwickeln kann. So ist die Einsicht in ein möglicherweise erlittenes Liebesdefizit eine wichtige Vorraussetzung, um die daraus entstandene geschwächte Selbstliebe zu erkennen und selbst auszugleichen, anstatt überdimensionierte Erwartungen an die Umwelt zu haben.

Nur wenn wir uns selbst lieben, können wir auch andere Menschen lieben. »Liebe dich selbst« heißt, ich liebe mich, wie ich bin, ohne dabei die Augen vor meinen »Schattenseiten« zu verschließen. Ich nehme diese als Teil meiner Entwicklungsgeschichte an und bin auch bereit, sie zu ändern. Das Wort »ent-wickeln« drückt diesen Vorgang schön aus. Es fordert die Bereitschaft, über sich selbst, das eigene Denken, Handeln und Fühlen immer wieder zu reflektieren, um dadurch ein tieferes Verständnis für die eigenen Motivationen des jeweiligen Handelns zu haben. Die Einsicht in erlebte Defizite und Verletzungen sowie ihre Verarbeitung bilden die Möglichkeit für persönliches, gesundes Wachstum.

Die Liebe zu sich selbst beinhaltet die Achtung vor der eigenen Einmaligkeit, also so zu sein, wie man ist und dass dies nicht trennbar davon ist, dass ich diese Achtung auch für andere empfinde. Selbst- und Menschenliebe sind Grundvoraussetzungen für das Gelingen der Paarbeziehung. Dies setzt als logisch voraus, dass Selbstliebe nicht mit Narzissmus, Selbstverliebtheit bzw. übertriebener Selbstbezogenheit verwechselt wird. Wirkliche Liebe ist Ausdruck von Wohlgesonnensein, Achtung, Respekt und Verantwortlichkeit sich selbst und anderen gegenüber. Sie ist kein Affekt, sie unterliegt keinen Schwankungen, sie ist eine Grundhaltung, die nach Entwicklung und Entfaltung strebt.

Dieses Grundgefühl der Liebe zu sich selbst und anderen bleibt uns durch die Entscheidung dafür erhalten. Dadurch wird es zu einer Lebenseinstellung und Lebenshaltung. Es hilft auch die oberflächlichen Gefühle, die kommen und gehen (z. Bsp. Ärger, Verstimmtheit…) gut im Griff zu haben.

2.5 Ich vertraue dir, weil ich mir (selbst)vertraue

Vertrauen ist für jedes Paar eines der wichtigsten Basisgefühle und ein wesentliches Bindeglied der gelungenen Beziehung. Vertrauen hat mit dem eigenen Selbstvertrauen zu tun. Dies ist eine Haltung, die oft missverstanden wird, oder bei manchen Menschen gar negative Assoziationen auslöst. Doch wirkliches Selbstvertrauen bedeutet: Ich vertraue mir selbst, dass ich mit mir gut umgehe. Ich weiß, wenn ich glaube, dass ich nicht gut genug bin, dann fühle ich mich auch so. Wenn ich glaube, nicht ausreichend geliebt zu sein, dann fühle ich mich so. Beide Annahmen bringen mich anderen gegenüber zu einem Verhalten, das mir ziemlich sicher bestätigt, was ich glaube. So bin ich es meist selbst, der das Klima erzeugt, also für »Sonne« oder »Sturm« sorgt. Das passiert nicht nur in meinem Inneren, sondern auch gegenüber anderen Menschen.

Selbstvertrauen heißt, ich sage »ja« zu mir, so wie ich bin, »ja« zu meiner Herkunft, meiner Geschichte und »ja« zu dem Entwicklungspotential, das darin enthalten ist. Ich bin versöhnt mit vergangenen Schwierigkeiten, erkenne, was ich daraus gelernt und an Kraft gewonnen habe. Damit gut ausgestattet, kann ich mich der Gegenwart zuwenden. Da ich meine Stärken und Schwächen kenne und bejahe, gestehe ich auch den anderen Menschen die ihren zu. Anders ausgedrückt: Ich liebe mich in meiner Unvollkommenheit und die anderen auch. Ich weiß, was mir gut tut und was mir nicht gut tut. Dementsprechend handle ich.

Nur wenn wir in einem so verstandenen Maß uns selbst vertrauen, werden wir auch anderen vertrauen und dafür sorgen, dass andere Menschen mit uns gut umgehen. Ist das Grundvertrauen gegeben und aufgrund positiver Erfahrungen gewachsen, werden wir uns in der Beziehung wohl und gut aufgehoben fühlen.

Der weit verbreitete Leitspruch: Vertrauen ist gut, Kontrolle ist besser, steht dem echten Vertrauen in der Partnerschaft im Weg. Denn wer lässt sich schon gerne kontrollieren? Das Vertrauen des anderen in mich als Person sowie in meine Fähigkeiten, die gestellten Aufgaben »auf meine Art« gut zu machen, bewirkt sicherlich mehr Motivation und Freude, als Kontrolle es jemals könnte. Es ist beobachtbar: Wo Kontrolle in der Partnerschaft anfängt, hört meist der Einfluss auf.

2.6 Zeige mir deine Eltern und ich sage dir, wer du bist

Was immer man über seine Eltern denkt, mit welcher Hartnäckigkeit man auch versucht zu glauben, sie hätten keinen oder nur wenig Einfluss auf mein Erwachsenenleben und auch auf die Art, wie ich meine Beziehung führe – es stimmt nicht! Eltern haben Einfluss. Ob wir wollen oder nicht, es ist so. Gesteht man sich das ein, dann ist ein wichtiger Schritt in die richtige Richtung getan.

Was die Paarbeziehung anbelangt, können Eltern für mich Vorbilder sein, oder genau das Gegenteil. Gut ausgestattet erweisen sich jene, die sich den Einfluss der Eltern bewusst machen. Diesen zu negieren, kann am ehesten dazu führen, dass das eigene Beziehungsleben dem der Eltern ungewollt sehr ähnlich wird. Erst durch die Bewusstmachung dieses Einflusses kann bei Bedarf eingewirkt werden. Unbestritten ist, dass Extreme in eine Sackgasse führen. Weder das: »Ich werde alles ganz anders machen«, noch das: »Ich mache es ganz genauso wie meine Eltern«, führt zum Gelingen.

Der elterliche Einfluss ist in vielerlei Hinsicht in unserer gesamten Lebensgestaltung wirksam und im Alltag ersichtlich.

Was das Beziehungsleben anbelangt, ist im Speziellen zu bedenken, dass sich Jungs stark mit ihren Vätern identifizieren (bewusst oder unbewusst). Erleben sie, dass die Mutter den Vater liebt und wertschätzt, dann stärkt sie das in ihrem männlichen Selbstverständnis und Selbstbewusstsein. Der Junge bekommt mit: Männer sind liebenswürdig und wertvoll. Wird der Vater von der Mutter abgewertet, dann kann das Verhältnis der Mutter mit dem Sohn noch so ein Gutes sein: Der Sohn wird sich zumindest ein Stück weit mit dem Vater identifizieren und mitfühlen. Das heißt, sein Selbstwertgefühl als Mann ist beeinträchtigt. Wird der Vater (aus welchen Gründen auch immer) ganz und gar abgelehnt, hat dies natürlich für den Sohn auch die Ablehnung des Vaters »in sich« zur Folge, mit der Konsequenz des eingeschränkten männlichen Selbstwertgefühls.

Auch die Tochter ist davon beeinflusst, ihr Männerbild wird durch die Haltung der Mutter gegenüber dem Vater mitgeprägt. Sie wird ebenfalls geneigt sein, Männer ein wenig aus den Augen der Mutter zu sehen.

Selbiges gilt auch für den umgekehrten Fall: Wird die Mutter vom Vater gering geschätzt oder abgelehnt, schadet dies meist dem weiblichen Selbstwertgefühl der Tochter, sowie dem Sohn in seiner Einstellung zu Frauen.

Wir übernehmen in unserer Kindheit sehr viele Einstellungen und Gefühle von den Eltern und übertragen sie, wenn sie unreflektiert bleiben, im Erwachsenenalter auf unsere Partner.

2.7 Realistischer Anspruch an die Beziehung

Paare, deren Beziehung immer rundum perfekt und reibungslos verläuft, sind selten anzutreffen. Dennoch neigen perfektionistische Menschen dazu, das Perfekte auch in der Beziehung zu suchen. Erfahrungsgemäß ist es dem »Perfekten« selten perfekt genug, es könnte »immer noch besser sein«. Diese Einstellung macht das Leben nicht nur dem, der die Perfektion anstrebt, schwer, sondern sie belastet auch das Beziehungsleben.

Entscheidend ist die Lebens-Grundhaltung, also wie sich Menschen im Allgemeinen auf das Leben beziehen. Erleben sie dieses als etwas, das ihnen passiert, worauf sie keinen oder kaum Einfluss haben, wo andere Menschen Regie führen, oder erfahren sie das Leben hauptsächlich als das, was sie selbst daraus machen. Dies gilt auch für das Beziehungsleben und für die Ehe. Die Einstellung, die Menschen haben, (»mir passiert das Leben« oder »ich gestalte mein Leben«) beeinflusst ihren Umgang mit Glück und mit Problemen. Die »Gestalter« des Lebens erkennen einerseits was änderbar ist und was nicht, handeln danach und andererseits fühlen sie sich für ihr Glück selbst zuständig und freuen sich darüber, wenn es gelegentlich auch von selbst kommt. Sie träumen nicht davon, dass endlich ein Partner in der Lage ist, sie glücklich zu machen, sondern entscheiden selbst über ihr Wohlergehen. Schwierigkeiten gehören für sie auch zu einer Beziehung. Sie jammern nicht, sondern erleben das Lösen dieser als Herausforderung. Sie wissen, ein Problem wird unter anderem dann groß, wenn dabei das Gesamte dabei aus dem Auge verloren wird. Somit ist der Blick der »Gestalter« selbst in schwierigen Situationen immer auch auf das gerichtet, was die Beziehung bzw. das Familienleben im Großen und Ganzen schön und erfreulich macht. Daraus beziehen sie auch die Kraft, Schwierigkeiten zu meistern.

Wird an die Beziehung der Anspruch gestellt, dass sie so verläuft, wie es in Kinofilmen, in der Werbung oder in manchen Beziehungsratgebern versprochen wird, dann folgt daraus eine Vorstellung, die mit der Realität kollidiert. Das Ziel der Medien und der Werbewelt ist es, in diesen Belangen Menschen Träume anzubieten und damit etwas zu verkaufen. Das Glück scheint dadurch erwerbbar zu sein. Gerne werden Ziele schmackhaft gemacht, die nicht zu kaufen sind. Die Frustration über die Unerreichbarkeit soll dann durch käufliche Ware getilgt werden, was zu weiteren Enttäuschungen führt.

Glückliche Paare bleiben von den angebotenen Traumbildern der Konsumindustrie unbeeindruckt. Sie lassen sich von so genannten Trends nichts vormachen, sondern folgen ihrem Gespür. Sie sind auch nicht passive »Glücks-Erwarter«, sondern tätig, nützen ihre Kräfte, nehmen ihr Leben selbst in die Hand, statt es von Industrien gestalten zu lassen.

Sie lieben das Leben als solches, sammeln Erfahrungen und Ereignisse, die ihnen Freude bereiten (siehe auch Kap. 2.2). Sie wissen, es geht nicht um die seltenen großen Ereignisse, sondern um die vielen kleinen Freuden des Alltags. Sie bringen eine Portion Gelassenheit mit und das Vertrauen darauf, auch Enttäuschungen und Schmerz aushalten zu können. Sie fordern vom anderen nicht, ein Partner für »alles« zu sein. Sie akzeptieren also, dass es Übereinstimmungen und Unterschiede bezüglich Bedürfnissen und Interessen gibt und sind kompromissbereit.

3. Es geht los: Wo und wie kommen wir ins Paradies?

3.1 Die einen trauen sich, die anderen nicht…

Warum heiraten, wenn die Beziehung »auch so« gut läuft? Diese Frage ist beinahe schon zur Modefloskel geworden. Sowie die Aufforderung: »Nenne mir einen guten Grund, warum ich heiraten soll.« Paare die sich lieben und vorhaben, das Leben miteinander zu verbringen, »trauen« sich, weil sie die Hochzeit als wichtiges Ritual sehen, ihre Bindung und Entscheidung füreinander zu besiegeln. Sie erleben die Hochzeit als essentiellen Entwicklungsschritt in ihrer Paarbeziehung. Damit sich die Liebesbeziehung weiterentwickeln kann (vorausgesetzt sie soll es), ist die Hochzeit ein nächster Schritt. Wird dieser nicht gemacht, ist eine gewisse Stagnation der Beziehung häufig die Folge. Umgekehrt ist die Hochzeit als solches natürlich auch keine Weiterentwicklungs-Garantie, doch beinhaltet sie viel Potential dafür.

Heiraten ist eine Entwicklung in eine größere Verbindlichkeit. Es ist ein Schritt in ein klares »Ja« zueinander, zum Paarsein, zum gemeinsamen Leben, zur gemeinsamen Zukunft. Das bringt auch Konsequenzen mit sich und genau die sind es oft, die

Paare von der Hochzeit abhalten, selbst wenn das die wenigsten zugeben würden. Mit diesem »Ja« wird das Paar seine Zukunft anders planen als ohne. Die Beziehung bekommt dadurch eine neue Tiefe und eine klare Ausrichtung. Natürlich kann sich eine tiefe Beziehung auch ohne Trauschein entwickeln. Möglicherweise fehlt es ihr an Verbindlich- und Nachhaltigkeit.

Meist gibt es für die Menschen, die sich nicht trauen »gute Gründe«, weshalb sie diesen Schritt verweigern. Einige mögen bewusst und andere unbewusst tief in der eigenen Geschichte verwurzelt sein (wie zum Beispiel, dass man die Ehe der Eltern als unglücklich erlebt hat und deshalb davon ausgeht eine »Ehe-Vermeidung« macht glücklicher…). Oder es sind die Konsequenzen, die man im Falle einer Trennung fürchtet, die bei Ehepaaren weitreichender sind als bei unverheirateten Paaren. Zu diesen Konsequenzen sagt man mit einer Hochzeit »Ja«. Viele derer, die nicht heiraten, wollen diese nicht tragen und sich so ein Stück »Freiheit« beibehalten. Das sind häufig die wahren Gründe einer Nicht-Trauung. Das kann auf lange Sicht Misstrauen schaffen.

Partner, die über lange Zeit zusammen sind und nicht heiraten, haben entweder beide sehr gute und im besten Fall sogar gleiche Gründe dafür. Das mag, wenn es ehrlich die gleichen Gründe sind, die Beziehung stabil halten. Schwierig wird es dann, wenn einer heiraten will und der andere nicht, denn daraus ergibt sich ein essentielles Ungleichgewicht,

das sich wahrscheinlich mit der Zeit zwischen das
Paar stellen wird.

3.2 Die Trauung und erwünschte Neben-
wirkungen

Die Zeremonie der Hochzeit beinhaltet in unserer Kultur sehr schöne (Neben-) Wirkungen, ist eine Vorraussetzung auch wirklich erfüllt: Die beiden Menschen die sich trauen, tun es mit der wirklichen, frei gewählten Absicht, das weitere Leben als Paar verbringen zu wollen und nicht aus irgendeinem Zwang oder einer Etikette heraus.

Man sagt bewusst »Ja«: Ich bin deine Frau und du bist mein Mann (und umgekehrt). Die Eheleute definieren sich selbst gegenüber und auch nach außen hin als Paar. Gemeinsam in die Zukunft zu gehen, ist ihre innere und äußere Ausrichtung.

Der Sinn des Einbeziehens der anderen (Familie, Bekannte und Freunde) bei der Trauung sollte nicht unterschätzt werden. Man zeigt bei diesem von den beiden Familien gemeinsam gefeierten Akt, dass von nun an nicht nur das Paar zusammen gehört, sondern auch die Familien. Dabei anerkennen die Eheleute die Wurzeln des Partners und nehmen einander samt ihrer jeweiligen Geschichte. Wird das bewusst so getan, so hat das positive Auswirkungen, denn: Mit dem Kennen und Anerkennen der Familiengeschichte des Partners gewinnt das Paar ein grundlegend tieferes Verständnis für Wesenszüge, Verhaltensweisen, Wünsche, Abneigungen, Wertigkeiten des anderen und findet so einen leichteren Umgang damit.

Unabhängig davon, ob die Familienmitglieder bei der Hochzeit dabei sind oder nicht: Sie einzubeziehen wirkt dem später vielleicht gelegentlich auftauchenden Gefühl entgegen: »Du allein kannst meine Bedürfnisse nicht erfüllen«, oder anders ausgedrückt: »Du bist mir zuwenig Leute«. Dies klingt zwar etwas eigenartig, es lohnt sich jedoch, einen genaueren Blick auf dieses Thema zu werfen: In früheren Generationen war es normal, in größeren Familienverbänden zusammen zu leben. Es gab eine Menge Verwandte und damit war es ein Leichtes, für die verschieden Bedürfnisse unterschiedliche Menschen zur Verfügung zu haben. Von der Großmutter holte man sich Haushaltsrat und Unterstützung, sie oder die Mutter halfen bei der Kinderbetreuung, jemand anderer unterstützte beim Handwerken, für Sport oder Gespräche gab es Onkel oder Cousins... Heute wird sehr viel von nur einer Person erwartet, wenn diese nicht nur der Ehemann/Frau ist, sondern gleichzeitig auch die Familie oder die ganze Sippe vertreten soll. Dieser Anspruch kann sich auf das Eheleben sehr belastend auswirken.

Mit der Hochzeit als Ritual und dem bewussten an- und ins Herz nehmen der neuen Familie ergibt sich die Wahrscheinlichkeit, mehrere Menschen für unterschiedlichste Lebenssituationen, Bedürfnisse und Tätigkeiten zur Verfügung zu haben. Sollten die »neuen Familienmitglieder« aufgrund von örtlicher Trennung oder anderen Lebensumständen nicht greifbar sein, dann ist ein guter, stabiler

Freundeskreis besonders wichtig (siehe auch Kap. 4.2).

4. Wie die Reise gut gelingt

4.1 Aus zwei wird eines – oder du und ich

Man kennt solche Paare aus dem Bekanntenkreis: Zwei, die fast ausschließlich gemeinsam auftreten. Egal zu welchem Anlass, es gibt sie nur zusammen. Bei gnadenlosen »Paarfetischisten« sind Außenstehende geneigt zu sagen: Die passen zusammen, können einfach nicht von sich lassen und wollen alles zu zweit erleben. Auf den ersten Blick wirkt es oft auch tatsächlich so, als sei bei diesen Paaren alles perfekt. Dennoch bleibt dieses sehr einseitige Verhalten nicht ohne Folgen: Diese Paare erstarren meist in der extremen Art des Paarsystems und verzichten auf Schritte, die die Entwicklung der eigenen Persönlichkeit stärken. Sie passen sich so aneinander an, dass daraus der Glaube entsteht, nur mit ihrem Partner lebensfähig zu sein. Ausschließlich von ihm und mit ihm wird das Lebensglück erwartet. Dafür wird auf persönliche Bedürfnisse und Entwicklungen verzichtet bzw. werden diese verleugnet.

Ein Paar zu sein heißt nicht, die persönliche Eigenständigkeit aufzugeben, um im Anderen aufgehoben zu sein. Es heißt, Gemeinsamkeiten zu kreieren und zu schätzen, die persönliche Eigenständigkeit und die des Partners zu achten, um für einander anziehend zu bleiben und mit Kraft für einander da zu sein. Ohne gelebte Wertschätzung der eigenen Eigenständigkeit und der des Partners wird auch auf Inspirationen verzichtet, die das »zu zweit sein« neu beleben.

Bei »Paarsüchtigen« fühlt es sich nach einiger Zeit meist so an, dass eine mögliche Bewegung des einen das Umfallen des andern bewirkt. Die Krise beginnt bei diesen Paaren dann, wenn es einer der beiden doch zu einengend empfindet und mehr Raum für sich selbst bzw. die eigenen Interessen braucht, eine längere Krankheit eintritt oder im schlimmsten Falle einer der beiden stirbt. Dann tut sich für den anderen Teil ein tiefes Loch auf und er ist gefordert, das zu machen, was er in der Partnerschaft verabsäumt hat: Sich selbst als Individuum zu erleben und zu definieren, was dann sehr schmerzhaft und schwierig sein kann.

4.2 Freunde beleben die Ehe

Von glücklichen Paaren wird die Freundschaft mit anderen Paaren als bereichernd erfahren. Im Miterleben und durch den Austausch über verschiedenste Lebensbereiche, wie dem Umgang des Paares miteinander, Haushalt, Geld, Erziehung der Kinder, Humor usw. fühlen sie sich unterstützt und inspiriert.

Gleichzeitig bewährt sich der Kontakt der jeweiligen Partner zu einem eigenen Freundeskreis. Frauen tauschen ihre typisch weiblichen Interessen mit Freundinnen aus und Männer ihre männlichen mit ihresgleichen, und das ist keineswegs chauvinistisch gemeint, sondern dadurch wird vom Partner nicht alles verlangt. Das heißt, er muss nicht alle Rollen erfüllen. Es gibt geschlechts-spezifische Themen, die besprochen werden wollen, die für den Partner weniger interessant sind. Die Unterschiede liegen dabei nicht einzig und allein in der Vielfalt der verschiedenen Themen, sondern auch in der Art und Weise, wie kommuniziert wird. Ein klassisches Beispiel ist der Umgang mit Problemen. Frauen geht es sehr oft darum, eine Begebenheit (das Problem) aus den unterschiedlichsten Blickwinkeln zu erörtern, Männer denken lieber in Lösungen und bieten diese an. Es nervt sie meist, sich mehrfach Probleme aus unterschiedlichsten Perspektiven anzuhören. Aus dieser unterschiedlichen Herangehensweise entsteht oft Konfliktpotential zwischen Mann und Frau. Ein Freundeskreis, in dem diesen unterschiedlichen Bedürfnissen Platz gegeben wird, wirkt entlastend und daher positiv auf die Paarbeziehung.

Auch Mann-Frau Freundschaften wirken sich bereichernd aus, da sie vom anderen Geschlecht Erfahrungs-Perspektiven vermitteln, die einem innerhalb der Liebesbeziehung kaum mitgeteilt werden. Grundvoraussetzung ist natürlich, dass bei diesen Freundschaften die Grenzen, welche die eigenen Paar-Vereinbarungen vorgeben, respektiert und eingehalten werden.

4.3. Gewissensfragen

Nicht allen Menschen ist bewusst, dass es Regeln und Vereinbarungen sind, die unser Gewissen bilden und bewirken, dass ein System funktioniert. Das gilt auch für das »Zweiersystem« Paar und für das Familiensystem. Gemeinsam gefundene Vereinbarungen in Bezug auf Beziehungsgestaltung und Zusammenleben erleichtern das Funktionieren der Beziehung. Deren bestmögliche Einhaltung wird als Zeugnis für Wertschätzung, Verlässlichkeit und Engagement erlebt, was wiederum zu gegenseitigem Vertrauen, sich geschätzt und geliebt fühlen, führt.

Bei der Gestaltung der Vereinbarungen ist auf den Ausgleich zu achten, sodass beide gleich viel »gewinnen« und »verlieren«, ohne dies buchhalterisch zu handhaben. Diese Vereinbarungen unterliegen Wandlungen, weil das gemeinsame Leben immer wieder Veränderungen (Liebespaar, Ehepaar, Eltern von Kleinkindern, pubertierender Kinder, berufliche Umstellungen...) unterworfen ist, bei denen es dementsprechender Anpassungsvereinbarungen bedarf.

Vereinbarungen dienen also dem Funktionieren der Beziehung, sichern unser Zusammengehörigkeitsgefühl und erzeugen das Gewissen. Das heißt, unser Gewissen steuert unser Verhalten so, dass wir die für uns wichtigen Beziehungen nicht in Gefahr bringen. Wenn das, was wir tun, die Beziehung fördert, dann haben wir ein gutes Gewissen. Wenn unser Handeln dies nicht tut, dann haben wir ein schlechtes Gewissen.

Wir erleben in jeder Beziehung ein eigenes Gewissen, gemäß den jeweiligen Vereinbarungen. Das gute und schlechte Gewissen hat somit keine Allgemeingültigkeit (wovon viele Menschen ausgehen) sondern bezieht sich auf die jeweiligen Übereinkünfte, die wiederum durch die jeweiligen Werte bestimmt sind.

Werden allerdings keine Vereinbarungen getroffen, ist es meist so, dass automatisch (unbewusst) das Gewissen aus anderen Beziehungen übertragen wird, was natürlich nicht gut funktionieren kann und zu Enttäuschungen führen wird.

Daraus ergibt sich, dass ein Paar mit zwei verschieden wirkenden Gewissen (entsprechend der jeweils eigenen Lebenserfahrungen) in die Beziehung kommt. Deshalb ist es so wichtig, sich als Paar ein neues gemeinsames Gewissen zu schaffen, und zwar über die getroffenen Vereinbarungen, welche die Werte beider Partner berücksichtigen.

Wird eine Vereinbarung nicht eingehalten, mahnt uns dieses Gewissen. Wir bekommen ein »ungutes« Gefühl. Es ist einem klar, man handelt gegen eine Vereinbarung. Im schlimmsten Fall gefährdet man damit sogar die Beziehung. Dabei ist es wesentlich zu verstehen, dass wir nicht immer ein gutes Gewissen haben können, weil durch unsere Einbindung in mehrere Beziehungen verschiedene Gewissen in uns wirken.

Ein praktisches Beispiel: Der Mann hat gegenüber seiner Arbeit und seinem Chef ein Gewissen, das auf Vereinbarungen bezüglich Qualität der Arbeit und Zeiteinsatz beruht. Aus einem Notfall heraus ist es erforderlich, mehrfach Überstunden zu machen. Er hat seiner Partnerin gegenüber ein Gewissen, das sich ebenfalls aufgrund der gemeinsamen Vereinbarungen ergibt. Eine Vereinbarung könnte sein, täglich zur gleichen Zeit nach Hause zu kommen. Er ist nun im Büro und macht Überstunden mit gutem Gewissen dem Chef gegenüber. Gleichzeitig erlebt er ein »ungutes Gefühl« (schlechtes Gewissen) gegenüber seiner Frau. Dies erzeugt Druck. Den wenigsten Menschen ist in solchen Situationen bewusst, dass dieser Druck etwas Gutes für sie will: Nämlich, dass sie glücklich mit dem Partner und dem Arbeitsergebnis sind. Es wird eher als eine klassische »lose-lose« Situation erlebt, die manche dazu bringt zu sagen: »Ich kann es ohnehin niemandem recht machen. Wenn ich jetzt nach Hause gehe, ist mein Chef enttäuscht, wenn ich noch im Büro bleibe, meine Frau.«

Das Erkennen der Funktion des Gewissens, nämlich dass uns das schlechte Gewissen wie im genannten Fall mahnt, wir sind gerade dabei, etwas gegen die Beziehungsvereinbarung zu tun und den Partner dadurch zu verletzen, erleichtert den Umgang damit. Demzufolge ist es sinnvoll, sich zu fragen, was in solchen Situationen Priorität haben muss. Praktisch gelebt, anhand des angeführten Beispiels, wird genannter Mann die Überstunden machen, im Bewusstsein, diese sichern die familiäre Existenz und er wird das dementsprechend mit seiner Frau verhandeln.

Kommt innerhalb einer Beziehung gehäuft bei gleichen Situationen schlechtes Gewissen auf, kann etwas an den Vereinbarungen nicht stimmen. Dann ist es sinnvoll, diese neu zu überdenken und zu adaptieren.

4.4 Treue bis ans Ende unserer Tage

Die Definition des Begriffs »Treue« wird wahrscheinlich genauso vielfältig sein, wie die Anzahl der Personen, die ihn definieren. Während für die einen der außereheliche sexuelle Kontakt Untreue bedeutet, sind für andere ein freundliches Gespräch oder bereits Gedanken an andere Personen Zeichen von Untreue.

Wer soll Treue also definieren, und vor allem: Welche Festlegung ist richtig und welche falsch? Die Antwort kann nur von jedem Paar selbst gegeben werden.

Sicher ist, dass sexueller Kontakt als Betrug am Partner und somit als Untreue erlebt und gewertet wird. Was das »außereheliche« Verlieben anbelangt, gehen die Reaktionen sehr auseinander. Die, die sich schon einmal verliebt haben, meinen vielleicht, sie können ja nichts dafür, es ist ihnen »passiert«. Das trifft auch zu, wenn keine weiteren Begegnungen stattgefunden haben. Denn in der Regel braucht das Verliebtheitsgefühl Nahrung durch weiteres Beisammensein. Sollte es die bekommen, wird es »gefährlich«. Das Leben beschert uns immer wieder interessante Kontakte. Sich darüber zu freuen, ist wohl kaum etwas, das vermieden werden sollte. Dies als Betrug oder Untreue zu sehen, ist kontraproduktiv. So könnte es erst bewertet werden, wenn gezielt Treffen vereinbart und Gefühle dadurch genährt werden. Das wäre ein Spiel mit hohem Risiko, bis hin zur Gefährdung der bestehenden Beziehung.

Fühlen sich Menschen zu anderen hingezogen (das kommt immer wieder mal vor) und wird daraus nicht »mehr« gemacht, dann ist dies das Gegenteil von Betrug. Es steht als Plus für die eigene Beziehung und bezeugt die Liebe, die Wichtigkeit und den Respekt für die bestehende Partnerschaft.

Paare, die ihre Beziehung als glücklich erleben, haben auch in Bezug auf Treue verbindliche Vereinbarungen getroffen. Untreue beginnt für sie dort, wo die gemachten Vereinbarungen gebrochen werden (siehe auch Kap. 7.4, 7.5 und 7.6).

4.5 Die Ehe und der Freiraum

Freiräume sind für jeden Menschen, unabhängig von der jeweiligen Lebenssituation, wichtig. Zum Gelingen der Paarbeziehung gehört die Möglichkeit, diesen Freiraum für sich beanspruchen zu können. Freiraum hat nichts mit Untreue zu tun, auch wenn es immer wieder Paare gibt, die ihn so interpretieren. Freiraum heißt, Zeit für sich selbst zu haben, für Freunde, für eigene Hobbies…

Partner bringen zu diesem Thema höchstwahrscheinlich unterschiedliche Auffassungen mit, das ist normal. Unsere Vorstellungen, wie etwas gelebt werden soll und wie nicht, ist sehr geprägt von den Erfahrungen, die wir in unserer Familie und mit anderen wichtigen Bezugspersonen gemacht haben. Diese Erfahrungen werden sich zwangsläufig von den Erfahrungen, die der Partner in seiner Familie gemacht hat, unterscheiden.

Daher sind unterschiedliche Auffassungen und Bedürfnisse, was den Freiraum in der Partnerschaft anbelangt, gut zu verhandeln. Wie in jeder guten Verhandlung ist die Grundhaltung wichtig, dass beide bereit sind, auf etwas zu verzichten und etwas zu gewinnen. Auch hier geht es wieder darum, eine für beide Teile zufrieden stellende Lösung zu finden, also eine »win-win« Situation herzustellen.

Paare mit grundunterschiedlichen Bedürfnissen bezüglich Freiraums erweisen der Beziehung Gutes, diesen durch sehr klare Vereinbarungen zu ritualisieren. Dadurch entsteht ein Rahmen, der potentiellen Zündstoff für die Beziehung entschärft. Wird er eingehalten, so entsteht Vertrauen und Sicherheit.

4.6 Meine, deine, unsere Hobbies

Gemeinsame Hobbies beleben eine Beziehung. Für Paare, die sich in der Freizeit kennen lernen, gibt es schon vorweg etwas, das gerne zusammen getan wird. Diese Gemeinsamkeit weiter zu pflegen, ist nahe liegend und sinnvoll.

Sicherlich werden in die Beziehung auch Interessen und Hobbies mitgebracht, die nicht von beiden geteilt werden. Vielleicht gewinnen sie mit der Zeit auch für den Partner an Attraktion, doch macht es wenig Sinn, nur dem anderen zuliebe einem Hobby nachzugehen. Wenn einer etwas tut, das er im Grunde nicht will, bringt er den anderen in einen Schuldzustand und wird seinerseits Dinge fordern, die der andere wiederum nicht gerne macht. Somit verbringen beide große Teile der Freizeit damit, dem anderen einen Gefallen zu erweisen. In diesem Fall ist es für die Beziehung ganz sicher besser, wenn beide getrennt ihren Hobbies nachgehen, um danach entspannt die verbleibende Zeit gemeinsam zu genießen. Interesse für die Freizeitaktivitäten des anderen zu bekunden, bestätigt natürlich die gegenseitige Wertschätzung und das tut der Beziehung gut.

4.7 Der Haushalt: Ich Tarzan – Du Jane

Auf-teilen: Dieses Wort beschreibt in sich schlüssig und selbsterklärend, was darunter zu verstehen ist. Trotzdem: Das Thema »Haushalts-Aufteilung« bringt so manche Ehe in Krisen bis zum Scheitern, zumindest vordergründig. Kaum ein anderer Punkt wird öfter als Problem genannt und vor die »wahren« Schwierigkeiten des Ehelebens geschoben.

Entscheidungen, wer, was, wie und wann macht, können bei manchen Menschen gut aus dem Gefühl heraus getätigt werden und auch gut funktionieren. Stellt sich heraus, dass dies jedoch nicht zum gewünschten Ziel führt, bewährt sich eine Auflistung:

Was ist

- täglich zu tun
- alle zwei Tage
- einmal in der Woche
- einmal im Monat…

Wie viel Zeit nimmt es etwa in Anspruch?

Wie wird es am effektivsten gemacht?

Wer von beiden macht welche Aufgaben

- gerne
- halbwegs gerne
- gar nicht gerne

Diese »Verhandlung« ist natürlich unter Einbezug des Zeitmanagements und der in der Familie vorhandenen Möglichkeiten zu vollziehen. Daraus ergeben sich konstruktive Lösungen. Bei Bedarf werden sie verbessert.

4.8 Nahrung für die Beziehung

Nahrung ist in dem Fall das, was der Beziehung gut tut, woran sich beide Partner erfreuen. Alle positiven Erfahrungen »nähren« die Partnerschaft. Sie bringen gute Energie und Kraft in die Beziehung und beide sind davon gestärkt. Negative Erfahrungen mit dem Partner ziehen Energie ab, rauben Kraft. Diesbezügliche Erfahrungswerte zeigen, dass eine negative Handlung oder sogar Bemerkung erst durch fünf positive Handlungen oder Bemerkungen wieder »gutgemacht« ist.

Nährend für die Beziehung ist, was wir einander geben und von einander nehmen: Zuwendung, Bestätigung, Zärtlichkeit, Sexualität, Unterstützung, Vertrauen, das Interesse aneinander, Teilen von Freude, gemeinsame Entdeckungen... Extra herauszustreichen ist der ganz besonders »nahrhafte« Humor. Miteinander lachen beglückt. Sich selbst und dem anderen mit Humor zu begegnen macht das Leben leichter und hilft in schwierigen Lebenssituationen, diese zu meistern.

Köstliche Nahrungsdepots: Nähren sie sich auch aus dem, was sie für sich unter dem Thema, »was mich freut« (siehe Kap. 2.2.) entdeckt haben, sowie:

- schaffen sie Inseln der Zweisamkeit
- bestätigen sie ihre Liebe zueinander
- schenken sie Zärtlichkeiten
- bestätigen sie den Partner

- zeigen sie Interesse für die Anschauungen ihres Partners
- seien sie aufmerksam
- teilen sie die Freude an Kleinigkeiten
- überraschen sie den Partner
- seien sie neugierig
- konzentrieren sie sich auf das, was möglich ist und nicht auf das, was nicht möglich ist

Seien sie mit vollem Herzen dabei und schöpfen sie aus diesem Depot täglich!

4.9 Rituale

Rituale zu etablieren und einzuhalten ist ein gesunder und auch sinnvoller Weg, um sich gut zu fühlen. Sie bestätigen etwas bestimmtes, kräftigen es und stellen es auch sicher. Rituale sind (lt. Sigmund Freud) eine »Wohltat für die innere und äußere Ordnung«. Sie dienen auch der geistigen und seelischen Hygiene des Menschen und erzeugen Vertrauen und Sicherheit.

Allen Ritualen ist gemeinsam, dass sie nach bestimmten Vereinbarungen ablaufen und über längere Zeit gleich bleiben. Das Ritual schafft einen Zugang zur Seele, den wir sonst bewusst nur begrenzt erreichen. Doch werden dann über die Seele dem Bewusstsein stärkende Kräfte zugeführt, sodass das Leben gut weiter geht.

Rituelle Handlungen sind somit auch in Partnerschaften von großem Wert. Sie werden als festigendes Band und als Zeichen der Liebe und Zusammengehörigkeit erlebt. Sie bringen Gefühle von Liebe, Geborgenheit, Zusammengehörigkeit, Sicherheit, Verbundenheit, Wertschätzung, Gemeinsamkeit und vieles mehr zum Ausdruck. Ihre Bedeutung umfasst jeweils in einer Handlung ganz vieles und wichtiges, das zur Bereicherung und Sicherung des Paarsystems dient.

Solche Alltags-Rituale können sein:

- das gemeinsame Abendessen
- das ausgedehnte Frühstück am Sonntag Morgen
- das sich ein Mal am Tag anrufen
- das Kuscheln vor dem Einschlafen
- gemeinsame Spiele
- das gemeinsame Erledigen gewisser Arbeiten
- bestimmte Feste
- ein inniger Kuss zum Abschied am Morgen und abends beim Heimkommen usw.

5. Ein Reisebegleiter steigt ein

5.1 Bloß kein Kind

Obige immer wieder zu hörende Aussage bedeutet im Umkehrschluss, dass man das Leben mit Kindern nicht genießen kann. Eltern erleben das meist anders. Ohne die damit verbundenen Alltagsplagen zu verleugnen, erleben sie ihre Kinder als beglückende Bereicherung, sozusagen als die »Krone« ihrer Beziehung.

Doch es gibt offensichtlich für manche Menschen Situationen und Lebensumstände, die es nicht (mehr?) zulassen, Kinder in die Welt zu setzen. Wenn das der Fall ist, oder sich Paare aus freien Stücken dazu entschließen, keine Kinder zu wollen, scheint es für die Entwicklung der Beziehung wichtig zu sein, etwas »Gleichwertiges« zu finden. Dies ist nicht sehr einfach, da es kaum etwas gibt, das dem Leben mit einem Kind gleichkommt. Ein Hund (den sich Paare oft als »Ersatz« nehmen) kann meistens nicht ausschließlich das gemeinsame Kind ersetzen. Am besten eignet sich etwas, bei dem man als Paar an einer Entwicklung beteiligt ist, wie zum Beispiel die Patenschaft für ein Kind, eine gemeinsame soziale Aufgabe oder ein Projekt, dessen gutes Gedeihen beiden am Herzen liegt.

5.2 Zuerst wir zwei und dann wir als Eltern

Kinder brauchen glückliche Eltern. Glückliche Eheleute mit Kindern verbindet (bewusst oder unbewusst) die innere Haltung, sich »trotz« Kinder primär als Paar zu erleben. Das »Paarsein« kommt für sie vor dem »Elternsein«. Das heißt keineswegs, dass sie deswegen desinteressierte oder unmotivierte Eltern sind. Doch ist ihnen bewusst, dass sie durch ihren liebevollen Umgang miteinander als Paar gleichzeitig das tun, was ihren Kindern am wichtigsten ist, nämlich erleben zu können: »Meine Eltern lieben sich.« Diese Erfahrung macht jedes Kind froh und vermittelt ihm Sicherheit. Das Paar schenkt sich in der liebenden Zuwendung das, was der Beziehung gut tut, sie nährt und woraus die Kraft zum Elternsein fließt.

Es sei betont, dass die Haltung »Paarsein kommt vor dem Elternsein« keine Frage des zeitlichen Einsatzes ist (davon bekommen Kinder gerade im Kleinkindalter viel mehr), sondern der inneren Ausrichtung.

Die Zeit, die sich das Paar für sein Miteinander gibt, ist seine »Tankstelle«. Chronisch überlasteten Eltern fehlt die Kraft zum liebevoll und fürsorglich sein. »Gute Eltern sein« ist nur möglich, wenn man selbst glücklich bzw. zufrieden ist. Deshalb sind fix ritualisierte »Paar-Insel-Zeiten« von großer Wichtigkeit. Praktizieren Sie das, was sie unter Kap. 2.2 und Kap. 4.8. nachlesen können.

5.3 Erziehung

Eltern möchten ihre Kinder gut erziehen. Sie sind beseelt von dem Wunsch, ihr Kind so auszustatten, dass es später ein gutes Erwachsenenleben führen kann. Eine gute Kindheit, eine gute Erziehung wird allgemein als bestes Rüstzeug dafür gesehen.
Doch immer wieder werden neue Erziehungsmethoden angepriesen, die Mütter und Väter mehr verunsichern, als dass sie hilfreich sind. Haben Kinder früher oder später Probleme, fühlen sich Eltern schuldig und machen sich Vorwürfe: Hätte ich damals mehr verboten oder erlaubt, gegeben oder nicht gegeben, darauf geschaut dass..., dann wäre mein Kind heute nicht so vergnügungssüchtig, faul, unselbstständig, ein Versager usw. Dies soll nun kein Erziehungsratgeber sein, sondern einen Rahmen aufzeigen, dessen Beachtung eine echte Hilfe ist.

Kinder wollen lieben und müssen Kinder bleiben dürfen.

Das Hauptbedürfnis des Kindes ist nicht, wie viele Menschen glauben, geliebt zu werden. Natürlich will und muss es auch geliebt werden, doch das noch größere Bedürfnis des Kindes ist zu lieben und diese Liebe zu zeigen. Für Eltern ist es wichtig, sich dies zu vergegenwärtigen, sich darauf einzustellen und dem Kind zu erlauben, dass es seine Liebe auf kindliche Weise zeigt, und nicht aus Liebe »Dinge« tut, die ihm in seiner Entwicklung schaden. Denn wie groß die Liebe zu den Eltern ist, zeigt sich am offensichtlichsten dort, wo Not herrscht und Kinder mit innigster, liebender Selbstverständlichkeit (bis an die Grenzen ihrer Kräfte) alles tun, um zu helfen. Kinder wünschen sich immer sehnlichst, dass es ihren Eltern gut geht und sind bereit, das zu tun, was Eltern glücklich macht. Sie springen auch als Partnersatz oder Eheretter, als Vertraute, sogar als Elternersatz für die eigenen Eltern ein. Diese große innere Bereitschaft ist nie zu unterschätzen und deshalb sind Kinder aus den Angelegenheiten, die in der Verantwortung der Eltern und anderer Erwachsener liegen, unbedingt herauszuhalten. Das Kind muss Kind bleiben dürfen und darf nicht Erwachsenenrollen einnehmen.

Kinder brauchen Liebe, Verlässlichkeit, Richtlinien und Konsequenz.

Damit ist echte Wärme, Zuneigung, Aufmerksamkeit und Respekt vor der Individualität des Kindes gemeint. Zur Sorge, das Kind zu verhätscheln und es zu einem verzogenen Tyrannen zu machen, gibt es keinen Grund, wenn die elterliche Liebe sich durch oben genannte Qualitäten und dem entsprechenden Verhalten ausdrückt. Das Verhalten so genannter verzogener Kinder ist nicht auf ein zuviel der echten Liebe zurück zu führen, sondern darauf, dass sie mit einer scheinbaren Liebe abgefertigt wurden, wie zum Beispiel: Zuviel Nachsicht, keine Grenzensetzung, dem Abnehmen von Verantwortungen, Unterforderungen und materiellen Verwöhnungen. Echte liebende Zuneigung kann nicht zuviel gegeben werden, denn sie hat die individuellen Bedürfnisse, Möglichkeiten und Grenzen des Kindes im Blick.

Kinder brauchen nicht nur als Babies viel körperliche Zuwendung, sondern in jedem Alter. Dieser Kontakt ist für die seelische Entwicklung sehr wichtig. Entscheidend ist natürlich die geistige und emotionale Präsenz des Elternteils während des Körperkontaktes. Diese sichert auch, dass gesehen und erspürt wird, welche Art des körperlichen Miteinanders jeweils angemessen ist, das heißt, wie es dem Kind wohl tut und was es lieber nicht möchte.

Das Kind lieben heißt neben der Erfüllung der körperlichen Bedürfnisse nach Nahrung, Sauberkeit, Gesundheit, Geborgenheit, Kleidung, das Kind auch zu führen, ihm Orientierung zu geben, Vorbild zu sein, Grenzen zu setzen, Wissen weiter zu geben usw. Besonders wichtig ist, auf die emotionalen Bedürfnisse einzugehen, das heißt, das Kind muss das Gefühl haben, bei seinen Eltern emotional sicher zu sein, verstanden zu werden und auftanken zu können. Es kostet den Eltern Kraft, Zeit und Aufmerksamkeit, um diese Bedürfnisse individuell wahrnehmen zu können und auch Grundkenntnisse über die allgemeine kindliche Entwicklung.

Die Liebe der Eltern zum Kind drückt sich auch dadurch aus, dass sie interessiert und intensiv Anteil an seinem Leben nehmen. Das heißt, sich Zeit zu nehmen für die Mitteilungen aus der Sicht des

Kindes und darauf einzugehen, anstatt oberfläch-
lich zuzuhören und gleich Ratschläge zu geben.

Kinder, deren Eltern das tun, sind selbstbewusster,
glücklicher, kommen mit Problemen leichter zu-
recht und meistern gestellte Aufgaben mit mehr
Motivation und Sicherheit.

Die Liebe zum Kind erfordert, dass von den Eltern
Regeln und Grenzen klar definiert sind und für
deren Einhaltung gesorgt wird. Diese Richtlinien
geben dem Kind Sicherheit, die es als Lebensgrundgefühl braucht. Weiters lernt das Kind durch
die Einhaltung der Regeln sein Verhalten zu kontrollieren und zu steuern, was eine wichtige Grundvoraussetzung für ein gutes Leben ist.

Diese elterlichen Vorgaben werden sich dem jeweiligen Alter anpassen und auf die wachsenden Fähigkeiten Rücksicht nehmen, bis die Kinder er-
wachsen sind und die Verantwortung für ihr Leben
selbst in die Hand nehmen müssen.

Die Art und das Ausmaß der Liebe, des Mitgefühls,
des Respekts, der dem Kind gegeben wird, wird es
später für sich selbst und andere empfinden können. Da die Selbstliebe und die Liebe zu anderen
das bereicherndste und erfüllendste Gefühl
menschlichen Lebens ist, ist wohl die echte Liebe
zum Kind, die es in seiner Einmaligkeit wahrnimmt
und ihm dementsprechend begegnet, das schönste
Geschenk, das man als Eltern geben kann.

5.4 Papa allein zu Haus'

Das Modell, bei dem der Vater das Kind im ersten Lebensjahr mehr oder weniger komplett versorgt, ist Erfahrungsergebnissen nach für das Kind nicht das beste. Die ersten Jahre mit der Mutter sind für das Kind besonders wichtig. Dies ist naturgegeben, denn sie gibt dem Kind in sich den ersten Lebensraum, bringt es zur Welt und nährt es. Die Mutter ist für das Kind Wärme, Sicherheit, Eins-Sein-Glück. Die Beziehung zum Vater ist anderer Art. Die Mutter ist Urheimat aus der wir kommen und innere Welt. Des Vaters wichtige Bedeutung besteht für das Kind in den ersten Lebensjahren hauptsächlich in der liebenden Unterstützung der Mutter. Natürlich wird der Vater auch eine zärtlich aufmerksame Beziehung zum Baby und Kleinkind haben. Seine Hauptaufgabe besteht darin, das Kind bei den Herausforderungen des Lebens zu begleiten und unterstützen. Das sind Fakten, die neben anderen dafür sprechen, dass ein Kind fast nicht ersetzbar mit seiner Mutter verbunden ist und sie deshalb besonders zu Beginn des Lebens so sehr braucht.

Es gibt Paare, die haben den starken Wunsch oder aufgrund der Umstände keine andere Möglichkeit, als ihr Baby die erste Zeit in die Obhut des Vaters zu geben. Eine Gegebenheit, die bei vielen so gelagerten Fällen zu sehr ähnlichen Auswirkungen führen: Töchter, welche die ersten Jahre vorwiegend mit dem Vater verbringen, haben es später als Teenager und Frauen schwer, andere Männer »gut genug« zu finden. Jeder potentielle Partner reicht ihrem Gefühl nach nicht an die Qualitäten des eigenen Vaters heran.

Bei vom Vater »erstbetreuten« Söhnen zeigt sich die spätere Auswirkung hauptsächlich darin, dass für sie Frauen etwas sehr Fremdes und Uneinschätzbares haben.

Was die Beziehung des Paares zueinander betrifft, hat sich bei diesem Modell herausgestellt, dass letztendlich nur wenige Frauen damit zufrieden sind, wie Männer ihre Haushalts- und Erziehungspflichten erfüllen. Die dadurch entstehende Unzufriedenheit gibt der Frau das Gefühl, dass sie neben ihrer beruflichen Tätigkeit letztendlich noch sehr viel zu Hause erledigen muss. Der Eindruck, dass der Rollentausch kein gerechter und ausreichender ist, wird oft von den Betroffenen genannt. Darüber hinaus wird immer wieder deutlich, dass Frauen nach wie vor die Sehnsucht nach einem starken Mann haben, der »in der Welt auch einen Mann darstellt«.

Dadurch entsteht oft ein schmerzhafter Zwiespalt. Einerseits möchte die Frau natürlich, dass der Mann zu Hause bleibt (sonst hätte sich das Paar nicht für diesen »Rollentausch« entschieden), andererseits will die Frau den Mann auch als solchen wahrnehmen, was in dieser Konstellation offensichtlich nicht einfach ist.

Beim Planen eines möglichen Rollentausches sind dies auf jeden Fall wichtige Punkte, denen man ehrliche Beachtung schenken sollte, um Enttäu-schungen vorzubeugen.

5.5 Eltern und Beruf

Der Zeitgeist und die materiellen Umstände geben es zunehmend vor: In vielen Familien sind beide Elternteile berufstätig. Gewisse Aufgaben, die früher ausschließlich durch die Eltern und Familie erfüllt wurden, werden ausgelagert (Tagesmutter, Kinderkrippe, Kindermädchen, Tagesheimschule…).

Interessanterweise macht es aus den Augen der Kinder einen Unterschied, ob die beidseitige Berufstätigkeit frei gewählt, oder ob sie aufgrund der Lebensumstände nötig wurde.

Hat sich das Paar aus freien Stücken dafür entschieden, um mehr Geld, mehr Luxus, oder persönliche Selbstverwirklichung zu haben, wird diese Haltung den Eltern von ihren Kindern im Jugend- und Erwachsenenalter oft zum Vorwurf gemacht: »Mama, du warst so oft nicht da, die Arbeit war dir wichtiger. Ich hätte dich mehr gebraucht. Du hast mich nicht genug geliebt.«

War die Berufstätigkeit eine existentielle Notwendigkeit, kommt dieser Vorwurf später nicht auf.

Hat eine Mutter mit Baby das Bedürfnis (ohne finanzielle Notwendigkeit), sobald wie möglich wieder arbeiten zu gehen, dann ist die Frage nach ihrer Motivation dafür sinnvoll. Was glaubt die junge Mutter, durch die Arbeit zu bekommen, was sie zu Hause nicht erhält? Erfahrungsgemäß geht es dabei sehr oft um Selbstwert. Dabei zeigt sich deutlich, dass diese Frauen ihren enormen Wert, den sie in der Mutterschaft für ihr Kind haben, nicht wahrnehmen und ihn deshalb außerhalb suchen. Das ist sehr bedauerlich, denn die Wichtigkeit, welche die Mutter für die gute Entwicklung ihres Kindes hat, ist durch nichts in der Berufswelt zu ersetzen. Das steht nicht im Widerspruch dazu, dass Kinder auch zu anderen Kindern gehören und es sinnvoll ist, diesen Kontakt ab dem ersten Lebensjahr zu fördern. Es geht nicht um die ausschließliche Bindung an die Mutter, sondern um die Wichtigkeit der Mutter für die gesunde Entwicklung des Kindes - besonders in den ersten Lebensjahren.

Die Geschichte zeigt, dass Frauen oft in eine scheinbar kaum lösbare Konfliktsituation gebracht werden, weil von der Wirtschaft eines Landes je nach aktuellem Bedarf versucht wird, diese Art des Selbstwerts der Frau zu steuern. Wird sie als Arbeitskraft gebraucht, dann werden ihre Kompetenzen geschätzt und berufliche Selbstverwirklichung wird hoch gelobt. Stillen wird als unmodern dargestellt, Kindergruppen und Betreuungsstätten zur Verfügung gestellt, der Ruf nach Betreuung auch für Säuglinge wird lauter. Entsprechende pädagogische Konzepte begleiten diesen Trend. Das geht mitunter soweit, dass behauptet wird, selbst Babies sind in Gruppen unter ihresgleichen besser aufgehoben als bei der Mutter. Somit entsteht ein öffentlicher Druck, der bewirkt, dass die Frau ihre Mutterrolle nicht mehr ihrem wahren Wert entsprechend einschätzt.

Objektiv ist leicht zu erkennen, welch große Leistung es ist, ein Kind aufzuziehen. Entscheidend ist in erster Linie die Anerkennung der Wichtigkeit der Mutterrolle von der Mutter selbst und vom Partner an ihrer Seite. Natürlich gehören die Anerkennung dessen, sowie die Möglichkeiten des beruflichen Wiedereinstieges der Mutter zu den wesentlichen sozialpädagogischen Aufgaben einer Gesellschaft. Denn selbstverständlich beeinflusst sie die Einstellung zur Elternschaft und daraus folgend die gesamtgesellschaftliche Zukunft.

6. Intime Reiseerlebnisse

6.1 Sexualität – die Liebestankstelle

Glückliche Paare eint die Einstellung, dass Sexualität der natürlichste und innigste Ausdruck von liebender Zugewandtheit ist. Sie finden Sex einerseits total normal und erklären andererseits ein gutes sexuelles Miteinander auch als eine Entscheidung. So wissen sie, dass eine selbstverständliche sexuelle Übereinstimmung eher die Ausnahme ist. Die Gewohnheiten, Vorlieben, die Häufigkeit, die Unsicherheiten usw. sind vielgestaltig und unterschiedlich. Sexualität in der Partnerschaft lebt von Austausch, sich Kennen lernen, einander erfahren.

Als tragende Grundelemente freudvoller Sexualität werden allgemein gesehen: Liebe und Vertrauen, das heißt die Sicherheit, der andere ist einem wohl gesonnen. Achtung, Respekt und Wertschätzung des »Anders-Sein« des Anderen. Die Neugierde, durch das »Anders-Sein« des Partners auch wieder Neues an sich selbst entdecken zu können.

Die Entscheidung besteht darin, diese Basis gemeinsam entwickeln zu wollen und sich an den Erfahrungen zu erfreuen.

6.2 Werbung wirkt – vor allem beim Sex

Sex als erotische Anspielung ist unentwegt präsent, ist kein Tabuthema mehr, alles scheint möglich und fast alles erlaubt. Es geht dabei mitunter nur mehr um die Befriedigung eines Lustbedürfnisses, Sex scheint das neue Freizeitvergnügen zu sein. Werbung und Medien machen durch Botschaften und Berichte einen Druck, der in dieser Form noch nie so stark spürbar war wie heutzutage. In Zeiten, in denen es beinahe schon normal scheint, Viagra »nur mal so« zu probieren, die Pornoindustrie boomt und jeden Nachmittag Talkshows zu Themen wie »Ich swinge für mein Leben gern« oder »Hilfe – ich bin sexsüchtig« zu sehen sind, entstehen naturgemäß Vorstellungen, die ein verzerrtes Bild der Wirklichkeit wiedergeben. Wirtschaft und Medien benutzen diese Themen, um Umsätze zu steigern und höhere Quoten zu erzielen. Doch ist die Anzahl der Menschen, die dadurch in ihrem sexuellen Tun und Erleben verunsichert sind, nicht gering.

Tatsache ist auch: Die meisten Menschen wünschen sich in Wirklichkeit Erfüllung von größtmöglicher Nähe und Intimität und hoffen dies durch Sexualität zu finden.

Glückliche Paare fallen den künstlich erzeugten Vorstellungen nicht zum Opfer. Sie erleben Sexualität als den natürlichen Austausch von Nähe und Intimität, als innige Bezeugung ihrer Liebe zueinander. Sie tun das, woran sich beide erfreuen. Sie wissen wenn Herz, Kopf und Körper in Harmonie sind, spüren sie eine Art lebendig erfüllenden Strom und beschreiben diese Erfahrung als das, was sich durch ihre Liebe und Zugewandtheit ganz natürlich einstellt.

6.3 Ich will dies und du willst das

Wie in allen Belangen einer Beziehung gibt es auch in der Erotik und Sexualität Entwicklungen. Wünsche und Sehnsüchte gehen in längeren Beziehungen nicht immer für beide Teile in dieselbe, zufrieden stellende Richtung. Zu wissen, dass diese Tatsache absolut normal ist, ist für Paare sehr entlastend. Im Laufe der gemeinsamen Lebensgeschichte aller Paare sind manche Wünsche und Sehnsüchte erfüllt, andere geraten in Vergessenheit und warten auf ihre Wiederbelebung, andere verändern sich. Glückliche Paare sind sich dessen bewusst und kommunizieren darüber ehrlich. Ehrliche Kommunikation bedeutet, »mit-teilen« was wir uns konkret wünschen und das in einer Art und Weise, die den anderen verstehen lässt, dass es nicht um Kritik, sondern um die Erfüllung einer gemeinsamen, schönen Sexualität geht. Das heißt, sie beschreiben einander ihre Wünsche und bestätigen auch das, was beide lieben und beibehalten werden soll.

Da Erotik und Sexualität trotz aller Aufgeklärtheit ein sensibles Thema bleibt, weil der erotische Selbstwert sich eng mit dem allgemeinen Selbstwert verknüpft, ist diese Kommunikation einfühlsam und wertschätzend zu führen. Das beinhaltet auch, einander die Sicherheit zu geben, dass der Inhalt der erotischen Gespräche innerhalb des Paares bleibt. Es finden keine Abwertungen statt und keine Vergleiche mit früheren Geliebten. Verletzungen bzw. Missachtung dieser drei Punkte führen zu massiven Kränkungen.

Die Bestätigung dessen, was als Geborgenheit vermittelnd, schön, sinnlich, zärtlich, aufregend, lustvoll, einfühlend… erlebt wird, schenkt dem Partner das Vertrauen, das Richtige zu tun. Die Wünsche konkret, sinnesspezifisch, handlungsbezogen zu beschreiben, macht eine Erfüllung dieser eher möglich als abstrakte Wunschäußerungen.

Da Menschen mit sehr unterschiedlichem sexuellen Verlangen ausgestattet sind, erleichtert es eine Beziehung, wenn sich möglichst »gleich zu gleich« gesellt. Eine völlige Übereinstimmung wird es kaum geben, doch eine ähnliche Grundausrichtung erweist sich als gute Basis. Ist diese nicht gegeben, müssten der Wille und die Bereitschaft da sein, einen Mittelweg zu finden, der für beide gut lebbar ist.

6.4 Wie oft ist richtig?

Eine der meistgestellten Fragen zum Thema Sex bezieht sich auf die Häufigkeit: Wie oft pro Monat ist ideal, was ist viel, was ist wenig? Die Antworten darauf sind eigentlich unwichtig, solange beide Partner zufrieden sind. Viele in Medien veröffentlichte Studien verleiten die darin befragten Menschen zu Übertreibungen. So werden in Werbung, Fernsehen und Internet meist sexuelle Erwartungen erzeugt, die mit der Realität nicht übereinstimmen. Daher ist man gut beraten, diesbezüglich das eigene Bedürfnis wahrzunehmen. Sind beide Partner mit der Art und Häufigkeit ihres Liebeslebens zufrieden, dann kann es so falsch nicht sein. Hat einer der beiden darüber hinaus Wünsche, die er gerne erfüllt haben möchte, dann ist das gemeinsame darüber Sprechen in der beschriebenen Art und Weise noch immer der kürzeste und viel versprechendste Weg, die Sexualität zu leben, die für beide gut und richtig ist. Durch die Anerkennung, dass beide Positionen in Ordnung sind und keiner dem anderen vorwirft »du willst zu oft« oder »du willst zu selten«, oder »etwas, das ich nicht gut finde«, also Bedürfnisunterschiede als normal gesehen werden, ist ein konstruktiver Mittelweg machbar.

6.5 Sex macht großzügig

Mit zunehmender Dauer einer Beziehung scheint die Gefahr zu bestehen, dass sich eine gewisse Intoleranz gegenüber bestimmten Verhaltensweisen des Partners einstellt. Die Erfahrung zeigt: Paare, die mit ihrem Sexualleben zufrieden sind, zeigen sich dem anderen gegenüber fast immer großzügiger. Es fällt ihnen viel leichter, über Kleinigkeiten und Eigenheiten des Partners hinwegzusehen oder diesen mit Humor zu begegnen.

Paare, deren erotisches Leben etwas »eingeschlafen« ist, werden öfters kleinlicher. In Beziehungen, in denen Erotik und Sexualität keinen gelebten Ausdruck mehr findet, scheint dies vielfach Auswirkungen auf die Lebensfreude insgesamt zu haben. Eine gewisse Intoleranz dem Partner gegenüber ist eine der Folgen davon.

Sexualität und das Bedürfnis danach werden hauptsächlich dann weniger, wenn dem »Nichtbedürfnis« nachgegeben wird. Glücklichen Paaren ist klar, dass in einer langen Beziehung der Lustfaktor nicht von selbst daher schwebt, sie bleiben aktiv dran, damit es auch nach Jahren immer wieder prickelt. »Der Appetit kommt mit dem Essen« ist ein passender Vergleich, so wie umgekehrt: »Von nichts kommt nichts.« Es spricht vieles dafür, körperliche Liebe als eines von mehreren Ritualen fix im »Beziehungs-Zeitplan« zu etablieren. Das heißt aber keineswegs, dass Sex deswegen unspontan oder als mechanische Pflichtübung in immer fixen Zeitfenstern ablaufen muss. »Gelegenheit macht Liebe« ist ein guter Leitspruch.

Erotisch-Sexueller Wegweiser:

- sich mitteilen statt schweigen
- beschreiben was der Wunsch ist, statt nörgeln
- aktiv sein statt warten
- Fragen stellen statt Unterstellungen machen
- neugierig sein statt besser wissen
- Humor als guter Begleiter

7. Irrwege der Reise und deren Auswege

7.1 Hilfe, ein Konflikt!

Die Annahme, liebt man sich nur genug, dann gibt es keine Konflikte, zumindest keine, die durch die Liebe nicht zu lösen wären, stimmt so leider nicht. Es mag gelegentlich zutreffen, doch manchmal ist ein gutes »Krisenwerkzeug« vonnöten.

Jedes Paar hat Konflikte. Sie ergeben sich daraus, dass mein Partner anders ist als ich. Er ist andersgeschlechtlich, kommt aus einer anderen Familie, ist anders erzogen, hat andere Erfahrungen gemacht. Er muss zwangsläufig (zumindest zum Teil) andere Werte, Wünsche und Interessen haben. Dies zu verstehen und anzuerkennen ist eine Grundvoraussetzung, um mit Konflikten konstruktiv umgehen zu können. Mit diesem Wissen können Konflikte durchaus zu einer Bereicherung für eine Beziehung werden.

Sinnvoll eingegrenzt wird das Konfliktpotential durch »klare Mitteilungen«. Dies setzt voraus, dass ich einerseits selbst spüre und weiß, was meine Bedürfnisse und Wünsche jeweils sind, und andererseits die Beziehungssicherheit habe, bei Ablehnung eines Wunsches nicht als Person abgelehnt zu werden. Unter diesen Bedingungen sind klare Ansagen eine verlässliche, stabilisierende und lebendige Basis. In einer Beziehung, in der sich beide geliebt, wertgeschätzt und damit auch sicher fühlen, sind Zustimmung und Ablehnung gleichwertig, denn beide Male werden klare, ehrliche Verhältnisse geschaffen. Das ist ein guter Nährboden für eine freudvolle, starke Beziehung.

Klare Mitteilungen sind:

- Ich möchte heute gern mit dir ins Kino gehen. Anstatt: Würdest Du heute Abend ins Kino gehen wollen?

- Ich bin müde und möchte schlafen. Anstatt: Bist du nicht auch müde?

- Ich habe Lust auf ein Glas Wein mit dir. Anstatt: Wir haben schon so lange keinen Wein mehr getrunken.

- Ich bitte dich, meinen Bericht durchzulesen. Anstatt: Interessiert es dich, meinen Bericht zu lesen?

- Ich möchte gerne kuscheln. Anstatt: Fürs Kuscheln findest du kaum Zeit.

- Ich würde jetzt sehr gern mit dir auf dem Sofa Liebe machen. Anstatt: Könntest du dir jetzt Sex vorstellen?

Die Sorge, mit einem Wunsch nicht angenommen oder abgewiesen zu werden, verleitet viele Menschen dazu, Entscheidungen und Verantwortungen aus Selbstschutz-Gründen durch Fragen oder versteckte Vorwürfe zu delegieren. Dieses Verhalten wurde meist früh erlernt. Doch werden durch Fragen oder umschreibende Aussagen Missverständnisse und daraus entstehende Konflikte eher provoziert. Daher verhilft eine fixe Vereinbarung für »klare Mitteilungen« (mit der Versicherung, diese wertzuschätzen) einer Beziehung zu mehr lebendiger Stabilität und beiden Partnern zu mehr Selbstwertgefühl, Verhandlungs- und Kompromissfähigkeit.

7.2 Wer hat Recht? – Streitkultur

Es gibt Paare, die streiten fast unentwegt und andere, für die ein Streit beinahe das Ende der Beziehung bedeutet und deshalb vermieden wird. Beide Verhaltensweisen sind für eine gute Beziehung nicht förderlich. Glückliche Paare streiten nicht des Streites wegen, sondern dann, wenn eine Auseinandersetzung ansteht. Das wird ihnen beim Aufflammen des Streites klar und sie entscheiden sich dafür, den Konflikt vertrauensvoll und konstruktiv auszutragen. Basierend auf der Grundhaltung, dass der Partner die Sache so sieht, wie er sie sieht, aufgrund seiner gemachten Erfahrungen und nicht um ein Problem zu schaffen. Das Wichtigste beim konstruktiven Streit ist, das Hauptziel im Auge zu behalten. Das heißt: Die unterschiedlichen Standpunkte in gegenseitiger Achtung zu verstehen und zu einer Lösung zu kommen. Die beste Lösung besteht meistens darin, dass beide etwas gewinnen und beide auf etwas verzichten. Das heißt, durch Verständnis füreinander an den erforderlichen Kompromissen zu arbeiten. Das Verständnis ergibt sich aus dem Annehmen der Tatsache, dass jeder eine andere Lebensgeschichte mitbringt, die ihn geprägt hat und aufgrund dieser Prägungen fühlt, denkt und handelt er. Mit einem gut verhandelten Kompromiss treten beide aus der Welt der eigenen Prägung heraus, treffen sich bildlich gesprochen in der Mitte eines neuen und gemeinsamen Weges, worin das von der eigenen Welt und das von der

Welt des Partners Raum bekommt. Mit dieser Vorgangsweise wird die Beziehung auf ein tragfähiges Fundament gestellt. Die Auseinandersetzung bzw. die Streitkultur, die anstatt zu kränken oder zu zerstören, klärend und belebend ist, erfordert eine bestimmte »Technik«:

- Als Grundhaltung ist das Ziel (Achtung, Respekt, Verständnis und eine Lösung finden) im Auge zu behalten.

- Klärung des Themas und die Übereinkunft, bei dieser Auseinandersetzung nur bei diesem Thema zu bleiben.

- Die Dauer der Aussprache wird bestimmt und diese Aussprache wird in jedem Fall konstruktiv abgeschlossen. Auch dann, wenn die Lösung noch nicht klar ist. In dem Fall festlegen, wann eine Weiterführung der Aussprache erfolgt.

- Die Redezeit wird gleich verteilt (z. Bsp.: Erst du fünf Minuten, danach ich fünf Minuten)

- Zuhören: Beide Partner sind gleichermaßen aufgefordert, dem anderen Gehör zu schenken.

- Nach dem Zuhören, wenn nötig oder sinnvoll: Nachfragen zum besseren Verständnis.

Im Besonderen zu beachten:

- Keine Vorwürfe, keine Verteidigungen. Sondern konkrete Beschreibungen, was das Problem ist und was man möchte.

Beispiel: Nachdem der Mann vergessen hatte, dass er versprach, mit seiner Frau zum Elternabend zu gehen:
Sie: »Immer vergisst du unsere Vereinbarungen. Auf dich ist kein Verlass.«

Zielführender:
»Du hast heuer zum zweiten Mal den Elternabend-Termin vergessen. Das tut mir weh (konkrete Problembeschreibung). Ich wünsche mir, dass du diese Termine in Zukunft in deinen Terminkalender einträgst, damit dein Dabeisein sicher gestellt ist (konkrete Wunschbeschreibung).«

- Verzicht auf »Gedankenlesen«, also zu glauben, man weiß wie der andere denkt, fühlt, handelt oder beabsichtigt zu tun, ohne dass er das mitgeteilt hat. Sondern konkrete Beschreibungen, was das Problem ist und was man möchte.

Beispiel: Ein Mann zu seiner Frau am Tag vor dem Besuch bei seinen Eltern:
Er: »Du bist heute schon schlecht gelaunt, nur weil wir morgen zu meinen Eltern fahren und du das nicht magst.«

Zielführender:
»Du sprichst kaum (konkrete Problembeschreibung). Gibt es einen Grund dafür? Falls das so ist, sag es mir bitte (konkrete Wunschbeschreibung).«

- Verzicht auf kausale Erklärungen, das heißt, Begründungen suchen, warum man selbst etwas tut, oder so erlebt, wie man es erlebt. Sondern konkrete Beschreibungen, was das Problem ist und was man möchte.

Er: »Weil du schon am Tag vor dem Besuch bei meinen Eltern schlechter Laune bist, vergeht mir die Freude zu ihnen zu fahren und überhaupt bist du mir meinen guten Bezug zu meinen Eltern neidig.«

Zielführender:
»Ich wünsche mir, dass du mir sagst, ob ich etwas dazu beitragen kann, damit du dich bei meinen Eltern wohler fühlst.«

- Verzicht auf Vorhersagen.

Er: »Du wirst nie gerne mit mir zu meinen Eltern fahren, weil du sie nie akzeptieren wirst.«

Zielführender:
»Ich würde mich freuen, wenn du mitfahren würdest und meine Eltern respektierst als meine Eltern (konkrete Wunschbeschreibung).«

7.3 Eifer-Sucht

Menschen, die dem Leben insgesamt sinnlich begegnen, das heißt, sich an den sinnlichen Genüssen des Alltags erfreuen, neigen interessanterweise zu weit weniger Eifersucht als Menschen, die sinnliches Erleben ausschließlich in der Paarbeziehung suchen. Mit den Sinnen leben heißt, sich daran zu erfreuen, was dem Auge geboten wird, was man gerne hört, riecht, schmeckt und fühlt. Ein sinnvolles, sinnliches Leben zu führen, beinhaltet also mit den fünf Sinnen die Gegenwart wahr zu nehmen und auf diese zu reagieren. Auch schöne Erinnerungen beinhalten diese Erfahrungen und wirken sich auf die Stimmung gut aus.

Nachdem das Leben oft beschert, woran am meisten gedacht wird, ist leicht vorstellbar, was krankhaft eifersüchtige Menschen häufig bekommen. Je mehr Misstrauen dem Partner entgegengebracht wird, desto eher verwirklicht sich, was befürchtet wird. Ein von Eifersucht geprägtes Verhalten bringt den Partner mehr zu einer Wegbewegung, als zu einer Zuwendung. Eifersucht ist Angst vor dem Verlust des geliebten Menschen. Doch alles, was aus dem Gefühl heraus getan wird, um den Verlust zu verhindern, bewirkt diesen geradezu.

Unbegründete Eifersucht entsteht, wenn wir uns selbst nicht ausreichend lieben, uns nicht bejahen, wie wir sind. Dadurch unterliegen wir der Vorstellung, dass andere Menschen liebenswerter als wir selbst sind. Das bewirkt Unsicherheit und ist der

Nährboden für Eifersucht. Dabei gehen wir davon aus, dass wir für unseren Partner nicht gut genug sind, und uns ihm deshalb nicht ganz zumuten. Wir fühlen uns unterlegen, die Waage ist nicht ausgeglichen, die Ebenbürtigkeit nicht gewährleistet.

Bei glücklichen Paaren verbannt derjenige, der weiß, dass er zur Eifersucht neigt, dieses Gefühl durch die definitive Entscheidung gegen das Eifersuchtsverhalten. Dabei ist eine Methode, das Eifersuchtsgefühl- und Verhalten in den Griff zu bekommen, hilfreich:

- Damit ich auf meinen Partner eifersüchtig sein kann, muss ich ihn mir mit einer anderen Person vorstellen. Dieses Bild und die damit verbundene Eifersucht werden von meiner eigenen Fantasie erzeugt und genährt. So lange, bis es mir schlecht geht. Ich habe jedoch auch die Möglichkeit, mir ein Bild vorzustellen, das mir gut tut. Das heißt in diesem Fall: Ich stelle mich selbst in das Bild neben meinen Partner und zwar so, wie ich mich wohl fühle. Ich sehe mich dann neben ihm und fühle mich in dieses Bild ein. Je öfter ich mich auf diese Vorstellung beziehe, umso sicherer fühle ich mich als Partner.

Sollte das Eifersuchtsgefühl auftauchen, ist dieses freundlich anzunehmen in dem Sinne: »Da bist du, ich spüre dich, ich nehme dich wahr und es ist in Ordnung, dass du da bist. Ich begrüße dich. Ich weiß, du willst ja, dass mein Partner bei mir bleibt und deshalb hilf mir bitte, dass ich ihn nicht vertreibe.«

Wenn dann ganz bewusst auf die oben genannte Vorstellung Bezug genommen wird, erreicht man das, was man wirklich will, sicher viel eher.

Oft sind Menschen, die überdurchschnittlich zur Eifersucht neigen, selbst nicht immer die Treuesten. Für sie scheint der Leitsatz zu gelten: »Bevor es mir passiert, mach ich es lieber selbst.« Dass dies nicht zur Lösung des Problems beitragen kann, liegt auf der Hand.

Die vollkommen eifersuchtsfreie Beziehung wird in einer liebenden Partnerschaft kaum zu schaffen sein. Fraglich ist auch, wie erstrebenswert es wäre, verspürten wir gar nie Eifersucht. In einer geringen Dosis, ab und zu, kann Eifersucht auch als Liebesbeweis gewertet werden. Entscheidend ist, kein Drama daraus zu machen.

7.4 Der Seitensprung

Die Vorstellung, der Seitensprung gehöre zu den harmlosen Vergnügungen oder ist gar ein ehelicher Beziehungs-Auffrischer, gehört zu den Boulevardblatt-Märchen. Der Seitensprung ist eine große Bedrohung für die Beziehung. Kaum ein anderes Ereignis rüttelt mehr an den Grundfesten einer Partnerschaft. Es geht dabei nicht um Moralvorstellungen, sondern um die Verletzung und Kränkung, die der betrogene Partner erfährt. Der Schmerz führt oft zu einer ernsthaften Krise, die zu einer Trennung führen kann, auch wenn der untreue Partner das vielleicht gar nicht will.

Für die Beziehung passiert ein Seitensprung im günstigsten Fall (wenn man diese Formulierung in dem Zusammenhang überhaupt verwenden will) in einer Konstellation, aus der sich nichts darüber hinaus ergibt, also keine weiteren Kontakte stattfinden. Dies soll keineswegs als Anleitung zum Seitensprung verstanden werden, dazu ist dieses Kurzzeiterlebnis ein viel zu großes Risiko für den Wert einer guten, vertrauenden Beziehung.

Was also tun, wenn es trotzdem passiert? Wobei ein Seitensprung in den seltensten Fällen »passiert«. Das geringste Übel ist, dass der Partner nicht dahinter kommt. Es gibt keine Fortsetzung, es bleibt bei der einmaligen Begegnung. Der »Seitenspringer« behält dieses Ereignis bei sich, das heißt er/sie erzählt es dem Partner nicht. Die Konsequenzen eines Seitensprungs, wie Schuldgefühle und Gewissensbisse, sind vom »Täter« selber zu tragen. Wird gebeichtet, stellt sich die Frage nach der guten Absicht dahinter, denn es erinnert gewissermaßen an die Kindheit. Der Mama wurde Angestelltes im Nachhinein erzählt, um das Gewissen zu erleichtern und um nach wie vor geliebt zu werden. Frei nach dem Motto: »Ich habe Schlimmes getan, bitte erleichtere du mein (Ge)Wissen, indem ich die Last mit dir teile, und hab mich trotzdem lieb.« Diese kindliche Hoffnung kann sich nicht erfüllen, denn der Partner ist nicht die Mutter, sondern der liebende, vertrauende Mensch, der nun etwas aufgebürdet bekommt, das zutiefst verletzt und dabei auch noch um Beistand gebeten wird.

Also ist der Druck vom »Täter« alleine zu tragen. Dieser Druck birgt den tieferen Sinn, dem Täter bewusst zu machen, dass er dabei ist, die Beziehung zu gefährden. Der Druck ist ein Warnsignal des Herzens. Damit die Beziehung gut weiter geht, ist er am besten in liebende Aufmerksamkeit und Zuwendung zum Partner umzuwandeln. Eine wichtige Frage, die sich der »Seitenspringer« stellen sollte, ist: »Was war das Bedürfnis hinter dem Seitensprung und wie kann dieses in der ehelichen Beziehung erfüllt werden?«

Im Falle eines »gebeichteten Seitensprungs« wäre das totale Drama daraus zu machen, sowie das einfache »ich verzeihe dir das« nicht beziehungsfördernd. Es muss der Schmerz über das Geschehene dem »Täter« mitgeteilt werden. Auf das Wissen genauerer Details ist unbedingt zu verzichten, da

sie die Fantasie anregen und den Schmerz vergrö-
ßern.

Was die Beziehung wieder ins Lot bringen kann, ist
einerseits die Anerkennung des Partners, dass er
Schmerz verursacht und die Beziehung gefährdet
hat und dass es einer Wiedergutmachung bedarf,
die die Einsicht des »Täters« bestätigt. Der Betrogene muss zur Wiedergutmachung vom Partner
etwas verlangen, das ihm eindeutig beweist: »Du
bist mir wichtig, dich liebe ich, mit dir will ich leben, ich will mein Bestes dazu beitragen.« Hat er
dies erhalten, muss der Vorfall der Vergangenheit
angehören, das heißt, er wird nicht mehr zum Vorwurf gemacht. Nur dann ist ein gutes Weiterführen
der Beziehung möglich.

7.5 Die Affäre

Stellt ein einmaliger Seitensprung schon ein beträchtliches Risiko für die Beziehung dar, so gilt das für eine Affäre in einem noch viel größeren Ausmaß. Eine Affäre ist wahrscheinlich die größte Bedrohung der Partnerschaft mit allen traurigen Konsequenzen wie Trennung, Scheidung, psychische Schädigung der Kinder (falls vorhanden), finanzielle Probleme usw.

Es liegt in der Natur der Sache, dass eine Affäre irgendwann gebeichtet werden muss, oder vom Partner entdeckt wird. Eine Affäre neben der Beziehung hat für das Paar noch viel weit reichendere Konsequenzen. Der »Betrug« durch eine Affäre spielt sich auf mehreren Ebenen ab. Es entsteht eine große Belastung, weil die Affäre Planung, Zeit, Energie, des öfteren materiellen Einsatz und vor allem Lügen erfordert. Die Verletzungen, die in der Gefühlswelt des hintergangenen Partners passieren, sind entsetzlich bis traumatisch. Der Vertrauensbruch und das Leid wirken meist verheerend. Wären die Folgen den »Tätern« vorher bewusst, würden viele davon absehen und ihre Kräfte in die bestehende Beziehung einbringen. Es bedarf sehr viel Zeit und Bereitschaft des/der Hintergangenen und Verständnis sowie Einsatz des Partners, der fremdgegangen ist, um die Beziehung wieder – wenn überhaupt – ins Lot zu bekommen.

Im allerbesten Fall gelingt es dem davon betroffenen Paar, aus dieser Krise zu einem guten Neuanfang zu kommen. Erfahrungsgemäß funktioniert das nur in Ausnahmefällen und auch da nur dann, wenn eine sehr hohe Toleranz und Bereitschaft zur Selbstreflexion besteht.

Wichtig ist:

- Die Affäre ist endgültig zu beenden. Derjenige, der diese hatte, muss das eindeutig und glaubhaft tun.

- Es gilt für das Paar, ehrlich dem nachzugehen, was in der eigenen Beziehung vielleicht fehlte oder in Vergessenheit geraten ist und wie dies wieder belebt bzw. eingebracht werden kann.

- Der betrogene Partner erweist sich selbst und der Beziehung gutes, wenn er den treulosen Partner nicht mit Vorwürfen bombardiert, denn die Verletzung wird dadurch nicht heilen sondern tut meist noch mehr weh. Sich ausweinen und der Wut einmal Ausdruck zu verleihen ist in Ordnung, doch sollte der Schmerz und die Wut nicht bewältigbar erscheinen, ist professionelle Hilfe anzuraten.

- Beschließt das Paar, nach einer »Außenbeziehung« weiterhin gemeinsam zu leben, dann wird ein Gelingen am besten möglich, wenn der »Täter« sich zu einem Ausgleich bereit erklärt. Schließlich steht er in der

Schuld des anderen. Dieser Ausgleich ist sehr wichtig, damit die Beziehung wieder ebenbürtig wird. Manchmal versuchen Betrogene den Ausgleich damit zu schaffen, indem sie es dem Täter gleich tun und ihrerseits eine außereheliche Affäre beginnen. Dieser Racheakt führt nicht dazu, Dinge zum Besseren zu wenden. Mit Ausgleich ist nicht die »Aug um Aug – Zahn um Zahn« Mentalität gefragt, sondern eine ausgleichende Handlung auf konstruktiver, versöhnender Ebene. Das heißt, dass der Betrogene sich etwas wünscht, dessen Erfüllung für ihn soviel Bedeutung hat, um ausreichend dafür Beweis zu sein, wie wertvoll und wichtig er für den anderen ist. Es geht bei dieser »Ausgleichshandlung« nicht darum, dass sich der Täter freikauft. Es geht um die Symbolik hinter der (Ausgleichs)Tat. Der untreue Partner gesteht seinen Fehler nicht nur ein, sondern zeigt auch, dass es ihm sehr leid tut, diesen Schmerz verursacht zu haben. Er bestätigt damit die Wichtigkeit des Partners und die echte Bereitschaft, in den Fortbestand der Beziehung zu investieren. So eine »Wiedergutmachung« könnte sein, dass dem verletzten Partner ein lang gehegter Wunsch erfüllt wird, wie zum Beispiel: Eine ersehnte Reise, eine Fortbildung, für eine gewisse Zeit die Übernahme einer »ungeliebten Haushaltspflicht« oder ähnliches.

7.6 Der Katastrophenschutz

Glücklichen Paaren ist die mögliche Katastrophe, die durch das Fremdgehen hereinbrechen kann, bewusst. Dieses Wissen schützt sie vor unüberlegten Leichtfertigkeiten. Durch die Wertschätzung dessen, was sie füreinander sind und miteinander teilen, ist ihre Aufmerksamkeit von vornherein auf das Erhalten und Vermehren dessen gerichtet. Signale und Botschaften, die auf Unzufriedenheit in der Beziehung hinweisen, nehmen sie ernst, sprechen sie an und kümmern sich um diesbezügliche Lösungen.

Wird eine andere Person so attraktiv erlebt, dass das Gefühl der Versuchung auftaucht, wird das Alleinsein mit dieser Person vermieden bzw. reiner Tisch gemacht, indem vom eigenen Partner liebevoll gesprochen wird und diese Bindung deutlich ist. Es werden keine Berührungen und besonderen Blicke ausgetauscht und erwidert. Das Verhalten ist im Kontakt mit dieser Person so, als wäre der eigene Partner mit dabei.

Sollten die »Versuchungsgefühle« anhaltender sein, wird dies zum Anlass genommen, um es »unter die Lupe« zu nehmen: Was hat diese Person oder vermittelt sie mir, das ich sie so anziehend finde? Projiziere ich etwas in sie (wie zum Beispiel Lebenslust, innere Ruhe...) was mir fehlt oder gibt sie mir etwas, was ich mir selbst nicht gebe, oder glaube von meinem Partner zu wenig zu bekommen?

Ist die Botschaft des Gefühls verstanden, kann damit sich selbst und der Beziehung Gutes getan werden.

7.7 War das alles?

Eine Frage, die alle »Midlife-Crisis« Alarmglocken laut schrillen lässt. Für die Frau im besten Alter kann diese Frage auftauchen, wenn die Kinder frisch das elterliche Haus verlassen haben, sie sucht oder wendet sich anderen, neuen Aufgaben zu und stellt im Zuge dessen auch gleich ihre Ehe und Liebe zu ihrem Partner in Frage. Das männliche Pendant sehnt sich danach, den lange gehegten Abenteuer-Traum zu verwirklichen und was wäre schöner, als eine wesentlich jüngere, jugendliche Freundin, die ihm dabei hilft, das Älterwerden zu vergessen?

Beide Klischeetypen erleben sich in ihrer eigenen Wahrnehmung unschuldig, schließlich mussten sie für lange Zeit die »ganz großen Wünsche« unterdrücken. Was also tun, wenn diese Vorstellungen auftauchen?

Sollte es tatsächlich so gewesen sein, dass es nur sehr beschränkte Möglichkeiten gab, »Dinge« zu erleben, die plötzlich besonders wichtig erscheinen, stellt sich die Frage: Was davon ist heute ein wirkliches Bedürfnis? Warum sollte dies nicht mit dem Partner, mit dem man schon soviel gemeistert hat, erlebbar sein? Eine ehrliche Auflistung dieser Wünsche wirkt sicherlich inspirierend. Wie schon mehrfach beschrieben, geht es wiederum um konkrete, handlungsspezifische Beschreibungen und nicht um Abstraktionen.

<u>Also nicht</u>: Ich wünsche mir mehr Freiheit, Amüsement, Spaß, Lockerheit... Das sind so genannte »Nullinformationen«.

<u>Sondern</u>: Sie stellen sich einfach einmal vor, sie hätten mehr Freiheit, Amüsement, Spaß, Lockerheit... Was tun sie da konkret? Diese Handlungen/Tätigkeiten, die sie erfüllt haben möchten, die schreiben sie auf. Wenn es einfacher scheint, mit Abstraktionen zu beginnen, dann ist das natürlich eine Möglichkeit, doch der zweite, klärende Schritt muss die Konkretisierung sein.

Zum Erstaunen vieler Menschen ist dieses Vorgehen sehr befreiend, denn oft schweben einem die abstrakten Begriffe emotionsgeladen vor, man erlebt sie als unerfüllt und dementsprechend fühlt man sich. Macht man sich klar, welche Tätigkeiten dies beinhaltet, ist der große Begriff nicht nur entmystifiziert, sondern auch lebbar gemacht. Wichtig ist natürlich wieder die Anerkennung der Wünsche des Partners als gleichwertig, so gut wie die eigenen, um dann zu einer »win-win« Lösung zu kommen.

Was andere »Träume« anbelangt:
Weshalb ich etwas auf eine bestimmte Art und Weise gemacht oder nicht gemacht habe, liegt primär an mir selbst. Will ich einen noch nicht gelebten »Traum« verwirklichen, sollte das auch mit meinem Partner möglich sein. Ansonsten wird vom »Neuen« ja erwartet, dass er etwas in die Beziehung mitbringt, das ich nicht habe und ich immer davon abhängig sein werde, dass es mir gegeben wird.

Eine bessere, anhaltende Partnerschaft wird im Wesentlichen nicht durch einen neuen Menschen möglich, sondern durch eigene Einsicht und eigene Veränderung. Entwicklungen und Veränderungen sind nicht von außen zu erwarten, sondern selbst in die Hand zu nehmen. Das stärkt den einzelnen und die Beziehung zueinander.

So eine Entwicklung könnte sein, dass die »Freiräume« neu verhandelt werden. Während der eine vielleicht einen neuen Sport ausprobieren möchte, sind für den anderen Weiterbildungen interessant.

Ehrlich zu klären, was man wirklich will, was davon realistisch ist und was man miteinander und jeder für sich tun möchte, bringt frischen Wind ins Beziehungsleben.

8. Neues Land in Sicht

8.1 Die Kinder gehen – Was ist mit uns?

Verlassen die Kindern das elterliche Nest um zu studieren, um selber eine Familie zu gründen, oder um einfach eigene Wege zu gehen, beginnt für das Paar eine neue, spannende Phase der Beziehung. War man lange Jahre damit befasst, die Kinder groß zu ziehen, zu versorgen und zu beschäftigen, so rückt in dieser neuen Phase des Lebens die Partnerschaft und eigene Interessen wieder mehr in den Fokus der Aufmerksamkeit. Damit verbunden sind manchmal Ängste, doch auch viele Chancen. Für glückliche Paare gehen mit den Kindern nicht gleichzeitig Aktivität und die Lebendigkeit außer Haus. Sie freuen sich auf einen neuen Lebensabschnitt, in dem Neues entdeckt wird, ohne dabei auf Kinder und deren Bedürfnisse Rücksicht nehmen zu müssen. Die bisherigen Rollen in der Partnerschaft können neu geordnet werden. Beiden Partnern steht mehr Zeit zur Verfügung. Die gewonnene Freiheit bietet neue Möglichkeiten, die seelische, geistige und körperliche Gesundheit zu pflegen. Kontakte mit der Ursprungsfamilie, den Geschwistern und Freunden intensivieren sich oft wieder.

Wünsche, die früher zugunsten anderer Prioritäten zurückgesteckt wurden, sind nun das Land, das erobert werden kann. Jene Gebiete des Lebens, die als interessant empfunden werden, eröffnen neue Wege. Dies ist geographisch, sportlich, interessensmäßig, emotional und erotisch gemeint. In vergangenen Zeiten war Sexualität im fortgeschrittenen Alter eher tabu, man sprach weder darüber, noch glaubte man an besondere Freuden. Doch heute wird die reife Sexualität als Genuss gesehen und anerkannt. Glückliche Paare sind sich bewusst, dass dieser Genuss durch ihre Liebe und Vertrautheit ein ganz besonderer ist. So kann dieser neue Lebensabschnitt Quelle freudvoller Öffnung und dynamischer Weiterentwicklung werden.

9. Sollte es eine weitere Ehe sein

9.1 Gute Trennung

Es kann Situationen bzw. Ereignisse in Beziehungen geben, wo »es« nicht mehr weiter geht und eine Trennung unausweichlich ist. Entwickelt sich eine Beziehung auseinander, so ist das eine schmerzhafte Erfahrung. Es spielt dabei keine Rolle, ob man verlassen wird, die Entscheidung zur Trennung selbst getroffen hat, oder beide (und das erscheint meist als das geringste »Übel«) zur Übereinkunft gekommen sind, dass ein Auseinandergehen die beste Lösung ist. Eine Trennung tut weh und diesem Schmerz wird oft versucht aus dem Weg zu gehen, was zur Folge hat, dass das Paar trotz Trennung auf unterschiedliche Arten noch lange aneinander gebunden bleibt.
Dies zeigt sich durch:

- verklärende Liebe: Einer der Partner liebt den anderen noch, man weiß aber aus Erfahrung, dass ein gemeinsames Leben nicht mehr funktionieren würde. Dennoch wird die Fantasie genährt: Wenn ich (oder der andere) es besser machen würde, dann könnte es doch klappen

- endlose Trauer: Es wird der Beziehung/dem Partner sehr lange, über viele Jahre, nachgetrauert. Der Verlust wird damit immer wieder aufs Neue bestärkt. Die guten Erfahrungen miteinander werden nicht als bleibende »Ressourcen« erlebt, sondern sie werden über Bord geworfen und verstärken somit das Verlustgefühl.

- Hass: Derjenige, der den ehemaligen Partner hasst (ob eingestanden oder nicht) ist in diesem Gefühl fest mit ihm verbunden. Der eigene Anteil am Scheitern wird dabei meist verdrängt oder verleugnet. Dem Partner wird nachhaltig die Schuld zugewiesen. Dieser Vorwurf bzw. Hass fühlt sich meist noch intensiver als Liebe an, zieht viel Energie ab und macht unfrei.

Verklärend lieben, endlos trauern oder hassen lassen kein gutes Lebensgefühl und keine neuen guten Beziehungen zu.

Wie ist mit diesen (vielleicht ungewollten) emotionalen Bindungen nach einer Trennung umzugehen, damit das Leben gut weitergeht?

Folgende innere und auch dem Partner vermittelte Haltung gibt am besten das wieder, was es einem Paar, das sich trennt, ermöglicht, sich tatsächlich zu trennen und den anderen freizugeben, sowie die schönen Erfahrungen aus der Beziehung mitzunehmen und offen für die Zukunft zu sein:

»Ich habe dich geliebt und war glücklich mit dir. Ich danke dir für deine Liebe und alles, was du mir gegeben hast. Das wird für immer in meinem Herzen bleiben. Was ich dir gegeben habe, habe ich dir gerne gegeben und ich freue mich, wenn du es behältst. Am Scheitern unserer Beziehung nehme ich meinen Anteil und lasse dir deinen. Ich gebe dich jetzt als meinen Mann/meine Frau frei und wünsche dir eine gute Zukunft.«

Wenn Beziehungen auseinander gehen, erliegen Menschen oft der Versuchung, teilweise krampfhaft Gründe für das Scheitern zu suchen. Es werden einander Vorwürfe gemacht, man beschuldigt den anderen, sich selbst, äußere Umstände und auch noch sonst einiges, um scheinbar logische Gründe für das auseinander gehen zu finden. Abgesehen davon, dass es sehr oft tief liegende Gründe gibt, die nicht bewusst sein können, da sie ihre Wurzeln in der Familie oder der Kindheit des Paares haben, sind Vorwürfe einer guten Trennung im Weg. Sie bewirken, dass uns das Negative in Erinnerung bleibt und verstärkt wird. Die gemeinsame, glückliche Zeit wird dabei verdrängt und geht somit bedauerlicherweise verloren. Zielführend im Sinne eines guten Weiterlebens ist die innere Haltung: »Die Trennung schmerzt mich und tut mir sehr leid. Ich übernehme meinen Teil der Verantwortung dafür. In den Bereichen, wo ich mir meiner Fehler bewusst bin, lerne ich daraus. Den Anteil, den ich nicht glaube zu verstehen, da verzichte ich darauf, ihn ganz verstehen zu wollen. Es ist wie es ist, das Gute nehme ich mit, das nicht so Schöne lasse ich zurück.«

Diese Haltung bestätigt sich darin, wenn sich trennende Partner sagen können: »Wir haben uns geliebt und waren glücklich. Wir haben uns beide ein glückliches Beisammensein für immer gewünscht. Leider ist es nun anders gekommen. Das ist traurig und schmerzt. Doch wir sind dankbar für das, was wir uns geschenkt haben und geben uns frei.«

Für ein Paar, das gemeinsam den Schmerz des Scheiterns und der Trennung zulässt und betrauert, geht das Leben nach angemessener Zeit auch einzeln gut weiter.

9.2. Patchwork

Viele Familien sind heutzutage Patchwork-Familien. Das heißt, dass Kinder aus vergangenen Beziehungen und eventuell Kinder aus der neuen Partnerschaft zusammen leben. Dies ist eine herausfordernde Lebenssituation, die Energien kostet. Werden bestimmte Regeln erfüllt, ist das Gelingen des »Familienmix« um einiges leichter.

Der neue Partner/in

Die wichtigste Vorraussetzung zum Gelingen einer neuen Beziehung ist das Anerkennen und Würdigen der vorigen Partnerschaft. Dies ist als innere Haltung fühlbar und äußert sich vor allem dann, wenn es zwischen dem jetzigen Partner und seinem/ihrem Ex-Partner zu Unstimmigkeiten bzw. Problemen kommen sollte. Diese nur die beiden bereinigen zu lassen und sich nicht einzumischen, das ist die hohe Kunst (der gelungenen) Patchwork-Familie. Dem zu folgen fällt dann leichter, wenn daran gedacht wird, dass es vielleicht gerade dieses Verhalten des vorigen Partners ist, das mit zur Trennung geführt hat. Dadurch wurde mein Partner »frei«, den ich ihn nun haben und lieben kann. Mein Partner ist auch deshalb so liebenswert wie er ist, weil er schon diese vorige Beziehung hatte.
Entscheidend ist, auf die Vorstellung zu verzichten, dass man es besser als der vorige Partner macht.

Würde man sich von dieser Vorstellung leiten lassen, dann ist man eigentlich mit dem vorigen Partner verbunden, muss besser sein, etwas beweisen und fühlt sich nicht frei in der eigenen Entfaltung. Gibt es Kinder aus der früheren Verbindung, ist neben der Achtung und dem Respekt gegenüber dem früheren Partner auch anzuerkennen, dass die Elternschaft für immer bestehen bleibt, was die Forderung wie: »Du darfst deine(n) Ex nicht mehr sehen« absurd macht. Der elterlichen Verbundenheit des ehemaligen Paares muss ganz und gar zugestimmt werden können. Der Expartner hat im Leben des Kindes eine wichtige Rolle, ihn als Konkurrent zu sehen ist kontraproduktiv. Dabei hilft es, sich bewusst zu machen, dass die Liebe zum Kind sich naturgemäß von der Liebe zu Erwachsenen unterscheidet und es diesbezüglich keinen Grund zur Eifersucht gibt.

Der neue Partner wird nicht Mutter oder Vater vom Kind aus voriger Ehe. Er ist eben »nur« der Partner vom Vater oder der Mutter. Das heißt er/sie ist für die Erziehung der Kinder aus der vorigen Beziehung nicht zuständig. Wird dies berücksichtigt, dann ist die Vorraussetzung für ein entspanntes Zusammenleben gegeben. Kinder aus der vorigen Beziehung nennen den neuen Partner am besten beim Vornamen. Somit kommt es am wenigsten zu Eifersüchteleien zwischen Kindern aus verschiedenen Beziehungen. Das Anbieten der Bezeichnung »Papa« oder »Mama« ist lieb gemeint, doch in der Auswirkung weniger gut. Die Wirklichkeit ist für die gesunde Entwicklung des Kindes die beste Grundlage, das heißt Mama/Papa kann jeder Mensch nur einen haben (egal ob gestorben oder geschieden). Der neue Partner ist in einer solchen Situation ein guter, erwachsener Freund, der das Kind lieb hat und unterstützt.

Für das Selbstbewusstsein und Selbstvertrauen des Kindes ist es besonders wichtig, dass seine beiden Elternteile in ihm geachtet werden. Erfahren Kinder diese Achtung, sind sie frei davon aus (un)bewusster Loyalität für den nicht geachteten Partner zu kämpfen.

Kinder haben ein Anrecht auf beide Elternteile

Trennen sich Eltern, braucht jedes Kind die absolute Zusicherung: »Wir sind und bleiben immer deine Eltern. Wir haben uns als Paar getrennt, doch deine Mama und dein Papa bleiben wir immer und sind für dich da.«

Das Kind muss wissen und erleben, dass es beide Eltern lieb haben darf. Dies setzt voraus, dass kein Elternteil den anderen schlecht macht. Die Erfahrung, dass beide einander als Eltern wohl gesonnen bleiben, ist für das Kind eine Grundvoraussetzung, um mit der Trennung der Eltern umgehen zu können und um ein gesundes Selbstwertgefühl zu entwickeln. Wird ein Elternteil vom anderen heruntergemacht, erlebt es das Kind so, als sei eine Hälfte von ihm schlecht. Sprechen beide Elternteile abwertend voneinander, dann ist es um den Selbstwert des Kindes doppelt schlecht bestellt. Sollte durch bestimmte Vorkommnisse in der Beziehung es einem oder beiden Elternteilen schwer fallen, bei dieser Achtung zu bleiben, ist es ganz wichtig, sich zu vergegenwärtigen, dass es ohne diesen Partner dieses Kind nicht gäbe.

Zuständigkeiten

Neue Beziehungen können nur dann gut gelingen, wenn die Zuständigkeiten klar definiert sind.
Als erstes ist zu beachten, dass die Kinder aus früheren Beziehungen Vorrang vor der neuen Partnerschaft haben. Das bezieht sich nicht auf das Ausmaß der Liebe, die man gibt und spürt (die fühlt sich zum Partner auch anders an als zum Kind), sondern auf den Vorrang der Aufgaben. Wenn dieser Grundsatz vom neuen Partner auch wirklich angenommen wird, dann erspart dieser sich Eifersuchtsgefühle gegenüber den Kindern und Rivalitätskämpfe um Zuneigung und Aufmerksamkeit. Aus dieser Haltung entsteht Friede und ein gutes und konstruktives Miteinander.

Energiesparmaßnahmen

Regeln und Rituale sind besonders in Patchwork-Familien wichtig. Kinder brauchen diese für ihre Sicherheit und innere Ruhe. Die Besuchszeiten des Elternteils, mit dem sie nicht leben, sind von den Eltern zu fixieren und einzuhalten. Wird diese Entscheidung dem Kind überlassen, stürzt man es in Loyalitätskonflikte, die es dann je nach Temperament ausagiert und sich selbst und die anderen damit zur Verzweiflung bringt. Das Kind muss die Regeln beider Familien verstehen und ihnen folgen, insofern ist eine intensive Auseinandersetzung darüber notwendig, welche Tages-Nacht-Wochen-... Struktur für alle die beste ist. Das Gelingen einer Patchwork-Familie liegt vor allem an den Erwachsenen. Gemeinsame Rituale wie zumindest eine Mahlzeit, an der alle teilnehmen, eine gemeinsame Spiel- oder Vorlesezeit... fördern das Zusammengehörigkeitsgefühl in allen Familien und sichern das miteinander im Kontaktsein.